城市·建筑·形态·设计 研究论丛
主编 韩冬青

生活性街道的形态生成机制解析与设计

方榕 韩冬青 著

东南大学出版社 南京

内容提要

街道是城市的主要构成元素之一，在城市物质空间环境中具有纽带作用。宏观上它是城市形态构架的"骨骼"；微观上它是人们体认和感知城市的直接媒介。生活性街道除了承载交通通行功能外，还是发生丰富多彩的邻里公共生活的场所。

本书基于城市设计的视角，提出关于生活性街道的多元价值意义。在梳理与评析国内外街道发展演进的基础上，从南京城市街道形态的描述与诠释出发，探寻成因机制，并指向生活性街道的规划设计方法。在方法层面，通过街道网的规划布局与生活性街道的空间塑造这两个相互关联的视角，探寻生活性街道的发生规律与生成机制，提出街道的环境塑造应由自上而下的规划引导与自下而上的修正维护共同构成。在技术层面，通过对街道的物质空间形态与其承载的行为活动进行调查与比对，解读数据特征，捕捉生活性街道的形态规律，拓展适合中国生活性街道的描述、诠释与分析方法。在运用层面，对如何在上与下的有序互动中规划和建构生活性街道提出建议，并通过多项城市设计实践提出生活性街道的设计、管控与行动策略。

图书在版编目（CIP）数据

生活性街道的形态生成机制解析与设计 / 方榕，韩冬青著. -- 南京：东南大学出版社，2025.3
（城市·建筑·形态·设计 研究论丛 / 韩冬青主编）
ISBN 978-7-5766-1353-7

Ⅰ.①生… Ⅱ.①方…②韩… Ⅲ.①城市道路–设计 Ⅳ.①U412.37

中国国家版本馆CIP数据核字（2024）第059725号

生活性街道的形态生成机制解析与设计
Shenghuo Xing Jiedao De Xingtai Shengcheng Jizhi Jiexi Yu Sheji

著　　者：	方　榕　韩冬青
责任编辑：	戴　丽
责任校对：	子雪莲
封面设计：	皮志伟　韩雨晨　方　榕
责任印制：	周荣虎
出版发行：	东南大学出版社
出 版 人：	白云飞
社　　址：	南京市四牌楼2号　邮编：210096　电话：025-83793330
网　　址：	http://www.seupress.com
邮　　箱：	press@seupress.com
印　　刷：	上海雅昌艺术印刷有限公司
开　　本：	700 mm×1000 mm　1/16　印张：15.75　字数：378千字
版 印 次：	2025年3月第1版　2025年3月第1次印刷
书　　号：	ISBN 978-7-5766-1353-7
定　　价：	118.00元
经　　销：	全国各地新华书店
发行热线：	025-83790519　83791830

* 本社图书若有印装质量问题，请直接与营销部联系，电话：025-83791830。

形态研究与形态设计（代序）

19世纪初期，地理、人文和城市学学者引入生物和医学领域的"形态"概念，将城市作为有机体，分析其构成与发展机制。自1928年美国人文地理学家雷利（J. B. Leighly）提出"城市形态学"（urban morphology）以来，形态描述与成因剖析一直都是两条彼此交织的发展线索，影响广泛而深远。加拿大地理学家吉里兰德（J. Gilliland）（2006）以"内部—外部"和"认知—规范"所构成的四个象限来概述城市形态学领域的研究格局。内部视角（internalist approach）的研究认为城市形态是相对独立的系统；外部视角（externalist approach）的研究则认为形态是各种外部因素作用的结果。认知目标（cognitive）的研究致力于提供形态的解释框架；而指向规则目标（normative）的研究则试图为形态的创建提供原则和方法。该分类架构形象地描绘了城市形态学领域内部既交叉又隔阂的纠结状态。形态学与设计学科的融合还远未实现。

1. 背景

城市形态学研究在20世纪中期进入中国，20世纪80年代后日渐活跃并逐渐在地理学、城市规划、城市设计、建筑学等领域产生重要成果。然而，形态学理论研究与城市建筑的空间实践总体上还是缺少互动。20世纪90年代后，我国全覆盖的控制性详细规划（以下简称"控规"）普遍缺乏形态设计意识，这与从业人员形态学知识和方法的不足是密切相关的。"格网+色块+指标"式的控规编制鲜有对物质空间形态质量的必要预期。城市设计作为控规编制中的必要章节，有不少几乎沦为一种程序后置的"八股文章"。更尴尬的状况是，一些城市设计成果只是取悦决策者视觉欢愉的形体拼贴图册。建筑工程创作对城市物质空间品质的影响显而易见。尽管系统的环境观已经成为建筑设计领域的普遍共识，但由于视野、知识和方法有限，许多建筑师对建筑的城市属性的认识依然局限于狭窄的外观形式视角，因而难以驾驭其所处的整体环境状态。我们或许可以苛刻地认为，规划编制中重"量"（index）轻"形"（form）与建筑设计实践中有"形"（shape）无"态"（frame）的状况，恰恰提供了反思城市中微观尺度物质空间失序的某种学理线索。城市物质空间具有层级性，物质空间是量、形、性的统一体。不同层级和类型的物质空间的量、形、性具有不同的表征，同时又存在于相互传递、约束、牵连的系统状态中。城市物质空间的规划与设计，自上而下构成一种控制与引导，自下而上则是一种物化与反馈，共同作用于城市物质空间形态结构与场所景观的生产与演化。因此，把握物质空间形态量、形、性的内涵，把握物质空间形态的关键要素与组织构造，把握城市物质空间层级之间的关联与交互，并不是某个专业的专属知识范畴，而是城市、建筑、基础设施等相关规划设计学科和行业共同拥有的知识区域。

2. 形态是城市物质空间环境的底层结构

城市建筑的空间实践既是规划问题，也是设计问题。齐康老师说"不懂城市的建筑师不是好建筑师"，也有学者说"要用设计去做规划"。城市与建筑的"整体—局部"关系并不是简单的树形结构，而是存在于多重交互的半网络结构之中，彼此是交互构造的，这正是城市建筑学（urban architecture）的基本要旨所在。城市中基于约束与需求的各种土地空间属"性"及其"量"化指标，并不能自动转化为物质空间适宜的"形"；反之，缺失了量与性的判断，形也就失去了存在的意义。量、形、性的关联判断是诸层级物质空间设计中的关键，城市设计如此，建筑设计也是如此。从实践角度看，设计的底层逻辑首先表现在对城镇空间环境诸尺度形态的驾驭。形态是承托并链接形体空间和场所的内在结构，形体空间和场所则是形态的外化显像。无论设计知识的外延多么丰富且复杂，一切都要转换为对物质空间"形"的设计。这与传统建筑学意义的"形"的设计既有联系，又有差异。形态设计首先是对物质空间要素间结构秩序的设计，是对可以预期的未来建成环境的结构性态势的驾驭。设计对象的尺度和物化深度一旦涉及微观且具体的功能空间建构，就踏入了建筑工程学的门槛。换言之，建筑工程所依托的环境及其公共性意义在于城市，而不仅仅是建筑本身。

3. 形态理解是形态设计的前提

物质空间的设计实践总是从既有环境的描述开始，经由分析、理解而明确背景、问题和目标，进而形成新的形态构造。形态设计以形态理解为前提，形态理解的内容与方法也必然与设计的问题和目标相联系。形态理解经由分析研究而达成。在城市设计和建筑设计的研究和实践演进中，已经积累了大量的形态本体分析"菜单"，如：基于自然地理的地形与地貌，基于生态架构的基底、斑块和廊道，城市基础设施的分布，由街道广场等构成的城市公共活动空间体系，城市物质空间的肌理、界面、场所特征，与街区及地块开发密度相联系的平面格局和竖向尺度分布，等等。这些菜单自身及彼此之间又构成复杂的结构关联，通常表现为纵向的层级关联和横向的要素组织。城市发展演进的历程已证明了形态的结构性要素具有更为恒久稳定性，这也说明了形态理解对形态设计的意义。建筑与城市的空间实践，交叠孕育了城市建筑学。城市建筑学以某一局部层级的空间环境（如单体建筑、建筑群、城市街区、交通枢纽地段、历史地段等）为对象，通过发现与回应其内部和外部的环境结构来展开研究、设计与建造，设计结果具有影响乃至驾驭比其自身更大的环境整合的作用。以某种以工程形态存在的物质要素为例，在实现自身特定功能的基础上，其不仅承担整体所赋予的角色，而且要催化整体的系统发展。城市建筑于局部中展现整体，是一种小中见大、以局部塑造整体的渐进性建构，它基于对整体规则的主动发现，是更具个性的主动作为。

无论是城市设计还是建筑设计，对城市建筑的跨层级形态的理解都是形态设计的前提。这种理解的内涵包括三方面：其一，对形态层级构造的判断力，它对应了不同尺度的设计项目所必须选择的恰当的空间关联域。其二，对不同形态类别的结构本质及其内在动因的把握能力。其三，对不同形态类别之间相互作用的系统理解。形态设计是建立在对形态理解基础上的甄别、选择、综合和转化,继而在具体的条件下展开适宜的构型创造。值得一提的是,形态设计必须经由建设项目的物化,才能转化为现实的物质空间环境。设计者必须对其控制和引导下的未来建成环境的工程过程和结果有所预期,因此必须具备相关工程知识,才能实现系统设计目标。构型的创造一方面基于设计者对形态结构的诠释(interpretation of formal structure),另一方面又表现为对历史积淀的结构类型的各种变形(typical transformation)。在历史地段中,对既有形态结构的识别和传承显然具有关键意义,其意义不仅仅是保留了法定文物建筑等孤立的要素。而在新城区,与旧城的结构关联和适应新需求的形态转化则需并举、相得益彰。每当城市建筑面临重大的历史转型,就总是会产生面向未来的各种形态展望、设想和实验。

4. 形态研究与形态设计的互动

以物质空间的量、形、性展开其结构与类型描述,是形态认知的两个基本方向,同时也提供了形态设计的思维架构。形态认知从形态描述出发,回溯其背后的动因;形态设计从对动因和条件的理解中探寻形态的创建。形态谱系则在两者之间架设起互通的桥梁,这是形态研究与形态设计互动的基础性工具。形态研究与设计的互动性还表现在以下方面:其一,城市物质空间形态的尺度差异性和构型丰富性使其谱系的建立需要两个学科的知识融合。城市地理学领域的形态学研究者往往擅长宏观的二维平面,建筑师却更擅长三维空间。从形态成因的剖析看,经济地理和人文地理学者对社会、经济和人文维度的思考更具敏感性;而建筑师对行为需求、物质建构、环境物理等因素更为驾轻就熟。其二,形态学研究可以提供设计所需的结构和类型的谱系或范式,并为设计实践提供批评;而设计则为形态学研究提供城市空间实践中的第一手素材和遇到的问题。

形态研究与形态设计犹如一对镜子,既展现自身又映射对方。借此可以展望彼此的发展潜力和方向:第一,形态分析是本体与动因的统一。动因分析并不能取代形态本体分析。仅仅聚焦于动因,而不能在时空进程中揭示其在形态本体上的作用结果,就会背离形态研究的价值目标。反之,形态设计如若不能与其内在动因相关联,便成为徒有其貌的泡影。这一点已经在城市建筑实践的得失成败中不断地被证明。第二,形态理解是分解与整合的统一。分解是形态分析中的一种过程策略,其目的是厘清形态的梯级构造和同一梯级中的分项系统的状态。但分解不是形态认知的终极,更为重要的是揭示各分解项之间的联系与作用。在现有的形态学研究成果中,相对丰富的是那些易于切分的对象,而对那些具有聚合作用或复合特征的对象的研究则相对缺乏。形态研究往往各有专攻,但对局部与局部、局部与整体之间的联系缺乏整体的关照,这似乎是形态学研究领域的普遍现象。此外,形态分析服务于形态设计,而形态设计最重要的特征就在于联系和整合,整合也正是设计的难点所在。第三,形态是量、形、性的统一。所有的形态图式都含有量的约束和性的特征;反之,量和性的研究如果无法与相应的形相联系，也将无果而终。例如，城市的斑块肌理展现出某种特定的类型特征，但肌理恰恰是密度、高度、强度、尺度与几何方向性联合作用的结果。再如，在格网构型下的街区中，不同的地块格局会导致不同的街区形态。第四，诠释性分析是连接形态研究与形态设计的桥梁。形态诠释以科学理性为基础，但同时又是一种主观的观照，是潜藏了分析者的主观能动性的形态理解。诸如肌理"拼贴"或结构"层叠"一类的形态解析，本质上都是一种包含主观投射的形态理解。而恰恰是这些形态诠释思想，使形态分析可以反转为设计的策略。关于城市建筑形态认知与设计的辩证关系的体认，促发了设计领域对形态学的研究兴趣，而设计实践是形态学研究的动力和目标，这恰恰是构想本系列论丛的基本出发点。

5. 关于本系列论丛

城市建筑是笔者 30 年来研究和设计实践的主要议题之一。在城市设计和建筑创作实践中，笔者逐渐体悟到理论方法对设计实践的支撑作用。正是意识到形态学研究在设计实践中的核心价值，笔者在 1999 年完成《城市·建筑一体化设计》的出版后，从设计实践中触碰的问题出发，结合研究生学位论文的指导工作，逐步深入地进行对城市形态学的学习和研究。本系列论丛的基础是诸位作者博士研究生学位论文的相关研究中打下的，绝大多数作者在获得博士学位后又成了我们学术团队的成员，从而有机会继续我们的研究和工程实践，并陆续补充、修改、完善，形成了本系列论丛目前所呈现的成果。这些研究总体上主要针对城市中微观物质空间形态进行探讨，在网络上覆盖了城市的水系、路网、基础设施等，在面域上覆盖了区段、街区和地块，在城区类型上既涉及城市拓展中的新区开发建设，也有针对老城历史地段的保护与再生。本系列论丛总体上具有以下几个特点：其一，强调设计实践对研究的源头意义。每个议题都有其特定的实践针对性，而不是纯粹的理论思考。其二，国际城市形态学领域的丰富成果构成了本系列论丛的重要基础，但我们更致力于从中国城市自身的条件和特征出发，结合其未来的发展趋向，形成具有本土适应性的科学方法和发展策略。其三，注重理论假设与实验实证的交织互动。与本系列论丛的相关研究工作密切关联的实践项目至少有 70 项，从而使本系列论丛具备了鲜明的实践指向性。其中：

《南京老城内河水系与物质空间形态关联解析》按照环境梯级尺度，展现了南京老城历史积淀下的秦淮水系和金川水系与城市物质空间形态的结构关联，进而从人的视角讨论了滨水空间的场所塑造策略。这项研究揭示了南京内河水系与老城物质空间形态诸要素的内在联系，以及内河水系对城市特色风貌和滨水场所活力的内在影响力。

《生活性街道的形态生成机制解析与设计》提出了生活性街道的多元价值意义，在回溯南京老城街道历史积淀和演变的基础上，梳理其形态的类型构成，从城市物质空间的形态"骨骼"和生活场所两个相互关联的视角，揭示了自上而下的规划建构与自下而上的修正维护共同作用于生活性街道的现实场景，提出了生活性街道的设计、管控与行动策略。

《自然地形和基础设施交叠影响下的城市公共空间形态》剖析了自然地形与基础设施的相互作用，以及其对城市公共空间形态的交叠影响，进而探讨在这种交叠影响下，总体和区段层级的城市公共空间形态建构的基本策略与方法。

《街区解码——城市街区形态结构的量化解析》吸收、修正并发展了西方城市形态学的相关成果，针对中国城市街区的特点及其面临的现实问题，从层级结构和路径结构两个方面，重新建构了街区形态结构的科学表述方法，揭示了街道的整体网络及个体类型特征，形成了"网络—面域—几何—构型"综合解析架构。

《居住型历史地段保护再生中的形态类型学方法》直面南京小西湖街区等居住类历史地段在保护与再生实践中面临的现实问题，结合中国历史城市独特的营造理念和演变特征，对欧洲形态类型学理论方法进行了本土化的调适和发展，提出了以"权属类型学地图"为核心的新的形态类型学方法，展现了其在保护与再生设计实践中的运用成效。

《路网与功能——超级街区空间组织的形态学解读》面向我国面广量大的超级街区及其集约化发展目标，着力于城市道路网络与功能布局之间的关联解析，提出了数学统计分析、成因分析、价值判断互为补充的认知评析方法，揭示了超级街区中功能布局的层级性和构型性结构特征。

《集约型超级街区的路网构型》从集约型城市街区的形态结构特征出发，探索适用于中国超级街区路网构型的表述方法，比较了不同时代和规划背景下形成的超级街区路网的构型特征及其集约效能，形成了以构型为核心的集约型超级街区形态认知方法。

形态研究和形态设计都是在城镇发展进程中产生和演进的。从物质空间环境的建构角度看，城镇化进程不仅表现为物理尺度的增长或收缩，更意味着内外之间和内部各要素之间的重新构造和持续演变。中国的城市空间发展已进入以存量更新为主的时代。城市更新行动迫切需要城市建筑学提供跨层级的形态诠释理论和合纵连横的设计操作策略，这为城市建筑学的发展提供了难得机遇，但无疑也是一项严峻的挑战。本系列论丛可算是在这个方向上的一种努力。这些研究试图在城市建成环境的形态组织与形态演化之间寻找关联，从而有助于建立理论研究与设计创作的联结互动。本系列论丛的每本专著有其相对独立的议题，但彼此间又相互联系、互为补充，并具备开放性和批判性潜力。我们团队共同的研究志趣和长期的合作机制为这些成果的孕育提供了良好的微观生态。十余年来，我们团队依托东南大学建筑设计研究院有限公司，在产学研一体的环境与机制中汲取滋养。我们的研究得到国内外难以尽列其名的机构和学者的指教。借此机会，向为这些研究提供指导和帮助的前辈、老师、同行和朋友们衷心致谢！

真诚期待诸位方家批评指正！

韩冬青

2023 年 12 月 2 日

于南京四牌楼 2 号中大院

前 言

街道，是城市的主要构成元素之一，在城市物质空间环境中具有纽带作用。宏观上，它是城市形态构架的"骨骼"；微观上，它是人们体认和感知城市的直接媒介。生活性街道除了承载交通通行功能外，还是发生丰富多彩的邻里公共生活的场所。

本书基于城市设计的视角，提出关于生活性街道的多元价值意义，及其在当代城市中的现实价值。在梳理与评析国内外街道发展演进的基础上，从南京城市街道形态的描述与诠释出发，探寻成因机制，并最终指向生活性街道的规划设计方法。在**方法层面**，通过街道网的规划布局与生活性街道的空间塑造这两个层级，探寻生活性街道的发生规律与生成机制，提出街道的环境塑造应由自上而下的规划引导与自下而上的修正维护共同构成。在**技术层面**，通过对街道的物质空间形态与其承载的行为活动进行调查与比对，解读数据特征，捕捉生活性街道的形态规律，拓展适合中国生活性街道的描述、诠释与分析方法。在**运用层面**，对如何在上与下的有序互动中规划和建构生活性街道提出建议，并通过多项城市设计实践展现关于生活性街道的思考与设计策略。

本书是在韩冬青教授指导下，在笔者的博士论文《生活性街道的形态及其生成机制研究——以南京为例》的基础上修改而成的。笔者自硕士阶段开始在东南大学建筑学院开展城市设计理论研究，博士阶段在新加坡国立大学联合培养的经历大大扩展了我的视野，毕业后在东南大学建筑设计研究院UAL工作室进一步探索将设计理论转化为实践策略。

第一章　认识与思路：街道观念及形态的演变　　从国际视野下街道形态研究的大背景出发，梳理相关理论和案例，考查既有相关领域的研究议题，提供看待和理解街道的基本理论方法，拓展街道形态的基本语汇，提供多样的解读视角和方法，展现不同形态类型的演变规律和适用条件，形成对街道形态的总体认识基础。基本问题如：关于街道的观念经历了怎样的认知历程？曾经有哪些街道形态类型存在？它们生成的原因和运作的背景是什么？各自的优缺点如何？它们之间有哪些联系和本质区别？

第二章　城市形态解析：南京老城街道布局的总体特征　　将视野聚焦于南京，从整体上认知与把握南京街道的形态特征。基本问题包括：如何呈现与表征南京城市街道的形态特征？各形态类型的分布规律如何？有哪些因素对其产生实质影响？等，本章展现以南京为代表的中国老城街道形态的丰富性和复杂性，同时为解析南京城市街道形态提供思路与框架。

三章与第四章分别从自上而下的制度剖析与自下而上的城市探寻两条线索互为补充展开。

第三章 生成机制分析：自上而下的发生规则 梳理不同历史阶段，不同政治、经济、文化和规划方法大背景下有哪些基本街道形态类型生成，从而为南京的街道形态发生规则理清脉络，解析自上而下的控制和管理对街道形态的塑造过程。基本问题如：南京城市街道主要存在哪些形态类型？它们在城市版图上的空间分布特点如何？它们的生成过程主要受到哪些背景事件或设计理论的影响？这些形态类型在街道布局、地块划分、交通组织等方面存在怎样的规则？

第四章 生成机制分析：自下而上的生长变化 则从使用者的视角出发，体察自下而上的需求，关注生活性街道特别是主街是如何与邻里公共生活相辅相成的。基本问题如：生活性街道在市民日常生活中发挥怎样的作用？生活性街道在物质空间形态上的哪些特征使之区别于那些只作为通行路径的道路？如何有效地捕捉、描述和呈现这些特征？这些形态特征又受到哪些因素影响，呈现怎样的规律？

第五章 实践探索：生活性街道的规划与建构策略 从对中国当前街道建构制度的反思入手，讨论塑造生活性街道的层级和方法。核心问题如：中国新城区建设中街道生活为何消失了？怎样通过规划设计与环境建构让生活性街道重获新生？如何认识与利用城市规律进行有效的街道控制、引导与管理？本书通过近年来的城市设计实践项目，分享关于生活性街道的思考与设计策略。

方 榕

2023 年 8 月

于 UAL 城市建筑工作室

目 录

形态研究与形态设计（代序）
前言

1　第一章　认识与思路：街道观念及形态的演变

2　1.1　理念内涵——街道的死与生
2　1.1.1　理念转变的历史演进
4　1.1.2　街道形态的研究综述
10　1.2　语汇梳理——街道布局形态的基本类型
11　1.2.1　老城肌底
15　1.2.2　新城建构
25　1.2.3　中国城市街道形态的模式类型
28　1.3　交通性与生活性——两种不同认识的冲突
28　1.3.1　街道的本源——交织互嵌
29　1.3.2　现代主义城市——交通主导
30　1.3.3　早期的尝试——分化分离
32　1.3.4　当代街道生活的回归——混合共享
37　1.4　形态背后——街道形态认知的理论总结
43　1.5　研究意义与方法
43　1.5.1　研究对象界定
46　1.5.2　研究的意义
48　1.5.3　研究的方法

51　第二章　城市形态解析：南京老城街道布局的总体特征

52　2.1　街道的方向
53　2.1.1　六朝和南唐城市轴线的影响
55　2.1.2　明代城市轴线的影响
56　2.1.3　民国城市轴线的影响
57　2.1.4　自然山水条件的制约
58　2.2　街道密度
59　2.2.1　自然地理因素的影响
59　2.2.2　街道密度较低的街区组团与"边缘带"
62　2.3　街道布局的几何构型
65　2.4　街道的宽度
68　2.5　形态类型的分布特征

71　第三章　生成机制分析：自上而下的发生规则

72　3.1　时代背景与典型案例
72　3.1.1　明清老民居街区
76　3.1.2　民国规划的住宅区
79　3.1.3　20世纪50—70年代中期的人民公社与工厂生活区

82	3.1.4	20世纪80年代的旧城改造和住宅新区
87	3.1.5	20世纪90年代至21世纪初的新城建设
92	3.2	形态类型的塑造过程
92	3.2.1	形态类型的时空分布
94	3.2.2	传统老街巷型
97	3.2.3	民国住区规划型
100	3.2.4	老城内部改造型
104	3.2.5	20世纪80—90年代的居住区建设型
106	3.2.6	老城边缘改造型
109	3.2.7	新城区居住开发型
115	3.3	类型比较与生成规则
115	3.3.1	街道布局形态的生成基础
115	3.3.2	街道的走向
119	3.3.3	街道的密度与街区的尺度比较
120	3.3.4	街道布局构型的意义

124	第四章	生成机制分析：自下而上的生长变化
125	4.1	自下而上的需求调查
125	4.1.1	公众视角下的街道日常生活
135	4.1.2	生活性街道的使用状态捕捉
145	4.2	街道网中主街生长的影响因素探究
146	4.2.1	主街地图
148	4.2.2	内在构型参数比对
152	4.2.3	外在制约与诱发因素考察
155	4.3	人行体验中主街空间形态的特性考量
156	4.3.1	主街上的公共活动
161	4.3.2	主街的特性
164	4.3.3	主街应具备的微观要素特征

169	第五章	实践探索：生活性街道的规划与建构策略
170	5.1	当代街道建构方法的反思
170	5.1.1	不同视角下的生活性街道
171	5.1.2	上与下矛盾中的现实问题
179	5.1.3	关于街道观念的反思
182	5.2	城市设计中塑造生活性街道的实践探索
182	5.2.1	片区路网的布局
185	5.2.2	"路"与"街"的分级分类引导
188	5.2.3	主街的营造
195	5.2.4	街道界面管控规则的制定

203	第六章	结语
207	参考文献	
213	图表来源	
219	附录	典型街区组团基本信息
237	致谢	

第一章 认识与思路：
街道观念及形态的演变

  本章从国际视野下街道形态研究的大背景出发，梳理街道理念发展演变的过程和趋势，拓展街道形态类型的基本语汇，提供看待和理解街道的基本理论方法。本章主要围绕这样几个核心问题展开：1）关于街道的观念经历了怎样的认知历程？街道形态研究方面有过哪些议题与研究策略？2）如何理解街道形态的基本类型（图1-1）？它们的发生背景及演变过程是怎样的？3）针对长期困扰人们的街道的交通性与生活性的矛盾，有哪些有益的尝试与解决的途径？4）如何认识与理解不同的街道形态？形态背后隐藏着怎样的根本意义？本章在对街道形态总体认识的基础上，界定本书的研究对象和关键问题，提出研究的目标、意义与方法。

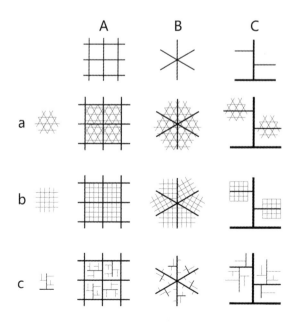

图1-1 街道形态的基本类型构型

街道是城市的主要构成元素之一，因多样性和重要性而成为不同视角下城市研究的交集区域。宏观上，街道是城市形态构架的重要组成部分；微观上，它是人们体认和感知城市的直接媒介。街道形态既是不同时代城市建设的直接反应，更与人们各具特色的生活方式相辅相成。

1.1 理念内涵——街道的死与生

1.1.1 理念转变的历史演进

现代设计理论对街道的认识曾经历从反街道到回归街道的重大转折，对街道的价值认同经历了衰微与再生的变迁。从生活与街道密切相关到反街道，再到重新认识街道、倡导街道生活，街道在城市生活中扮演的角色经历了"死与生"的变迁。

19世纪末到20世纪初，针对欧洲老城中心区恶劣居住环境、人口稠密、污染严重、卫生状况差的现状，建筑师试图探索新的城市形态模式，并赋予其健康的生活环境：阳光、新鲜的空气、通风并提供开敞空间。一方面，以花园城市为典型的城市理念倡导将中心绿化区（而不是街道）作为居民的日常交流场所。另一方面，伴随着战后大批量建设的需要，以及汽车开始登上历史舞台，以柯布西耶为代表的一些现代主义建筑师倡导反街道的理念，认为街道是一个过时的概念，城市不再需要街道，而应该创造新的道路模式来代替它。由此，以树状层级为基础的现代道路模式以及以机动车通行为核心的城市建设模式诞生，道路被比作"排放高速车流的下水管"。1933年，国际现代建筑协会（CIAM）通过的《雅典宪章》（*Charter of Athens*）代表了现代主义建筑和城市的理念，倡导道路分级、人车分流、城市功能分区。

随着汽车逐渐成为重要的交通方式，人车矛盾成为讨论的热点，交通工程学诞生并成为城市建设中不可或缺的一门学科。以美国为代表，城市为机动车通行所设计，对美国大片郊区的空间形态产生了深远影响。美国交通工程学会（Institute of Transportation Engineers, ITE）和联邦住宅管理局（Federal Housing Administration, FHA）发布的相关道路设计标准和图则倡导曲线、树状层级的道路，倡导尽端路（Cul-de-sac）模式，而反对格网，从而使得美国的道路设计以高效、快速的车辆通行为目标，而人和自行车的通行位于其次。此后数十年中，新建城市的道路形态被少数几种道路模式标准所塑造，而这些设计标准则是以机动车的利益为出发点。在这样的理念下，人们的生活方式也在发生着改变：曾经充满活力的街道氛围不见了，邻里间对街道的使用减少了，这是因为曾经发生在街道上的购物、娱乐、不期而遇的交谈、上学、散步等行为被开车去超市购物、电视娱乐、电话交谈、电脑休闲所代替。然而，在被机动车主导的城市中，人们发现许多城市问题接踵而来，如：汽车尾气造成的严重环境污染；道路和停车对城市土地资源的大量占用；汽车可以很方便地到达城市中的大多数地方，而人的步行却处处体现出不便；由于长期开车、放弃步行而引发的身体健康问题；甚至由于缺乏街道的自然监视作用，导致社区的犯罪率提高，等等。

  对上述状况的反思和批判终于在20世纪60年代掀起了城市设计领域街道理念的革命。雅各布斯（Jacobs）唤起人们对街道的重新审视，提醒人们注意街道的混合使用以及街道的活力等问题。她将街道比喻成城市生命的血液，而绝不仅仅是交通通行的通道[1]。亚历山大（Alexander）呼吁"城市不是一棵树"，城市不应是简单的树状层级概念，而是复杂的网络；街道是承载各种城市活动的场所，应为驻留所设，而非仅为通过所设，它与很多日常活动是不可分割的整体[2]。鲁多夫斯基（Rudofsky）赞美了欧洲老城街道的魅力[3]，拉波波特（Rapoport）从人的感知和体验角度去认识城市形态[4]，怀特（Whyte）、盖尔（Gehl）等更是唤醒人们去重新认识街道作为城市公共空间的重要作用[5]。建筑师们也将视线投向老城街道，发展专业的认识和描述手段。以西特（Sitte）[6]为先驱，克里尔（Krier）等通过对建筑界面的勾勒和图底分析等方法使街道不再被认为是消极的建筑剩余空间[7]，街道本身的形态被重视和表达。

  20世纪80年代初，欧美城市设计领域引发了关于街道的专题讨论。正如莫顿（Moudon）的《旨在公众使用的公共空间》（*Public Streets for Public Use*）[8]和安德森（Anderson）的《街道上》（*On Streets*）[9]等著作所展现的那样，城市设计领域开始强调街道的空间体验，趋于认为街道是承载多重功能的城市场所。荷兰的Woonerf模式[10]被推广。阿普尔亚德（Appleyard）等研究了街道的可居性[11]。芒福汀（Moughtin）认为，街道的作用应包括人们的相互交流、街道表演、典礼仪式等，街道是城市的客厅[12]。一些城市设计学派（如新城市主义）倡导学习老城的街道网络系统和城市功能混合，呼吁适宜步行的邻里街道生活。

1. JACOBS J. The death and life of great american cities[M]. New York: Random House, 1961.

2. ALEXANDER C. A city is not a tree[M]. London: Routledge, 1996: 118-131.

3. RUDOFSKY B. Streets for people: a primer for americans[M]. 1st ed. New York: Doubleday, 1969.

4. RAPOPORT A. Human aspects of urban form: towards a man-environment approach to urban form and design[M]. Oxford: Pergamon Press, 1977.

5. GEHL J. Life between buildings: using public space[M]. 3rd ed. Copenhagen: Arkitektens Forlag, 1987.

6. SITTE C. City planning according to artistic principles[M]. New York: Random House, 1965.

7. KRIER R. Urban space = stadtraum[M]. New York: Rizzoli International Publications, 1979.

8. MOUDON A V. Public streets for public use[M]. New York: Van Nostrand Reinhold, 1987.

9. ANDERSON S. On streets [M]. Cambridge: MIT Press, 1978.

10. 20世纪60年代，荷兰代尔夫特居民自发掀起共享街道运动，通过在邻里街道上栽种树木、安装街道设施等措施来减少过境交通、降低车速，使得街道环境利于步行和邻里活动。Woonerf模式于1976年被荷兰政府官方认可，并在接下来的若干年内被其他西方国家接受和效仿。

11. APPLEYARD D, GERSON M S, LINTELL M. Livable streets[M]. Berkeley: University of California Press, 1981.

12. MOUGHTIN C. Urban design: street and square[M]. Oxford Butterworth Architecture, 1992.

在城市公共空间环境被日益重视的今天，关于街道的理念也在进一步升级。生活性街道鼓励步行出行，利于土地集约利用，有助于增加社会交往的城市元素被倡导。一些国家在使得街道更加利于人行上做出了新的尝试，如街道安宁化策略通过一些街道上的物质环境设计来降低机动车的速度和通行量，"瘦身街道标准"（skinny streets standard）通过改变车行道的宽度及一些设计标准来增加街道的步行适宜性，"精明增长运动"（smart growth movement）更是建议多学科融合，提供多样的交通方式选择，创造适宜的邻里环境。总体来看，当代街道理念体现了对生活性街道上人行体验的关注，提倡安全、舒适、激发多样活动的街道形态。

1.1.2 街道形态的研究综述

本节主要基于 20 世纪下半叶以来对街道理念产生重要影响的文献，关注与城市形态学相关领域的研究议题，及它们对街道形态设计所产生的影响。基于不同的学科背景和研究取向，街道形态的相关研究取向可以被归纳为四类，如图 1-2 所示。A（成因机制）和 B（认知与评价）是一组相呼应的研究思路，它们都试图探讨街道形态与其他相关因素的关联，并通过客观调查和统计论证展开探讨。基于人文地理背景的 A（成因机制）透过街道形态这一特定表象，关注政治、经济和文化等因素对街道形态的影响和塑造作用，研究街道形态的成因及其背后机制。基于环境心理和行为学科的 B（认知与评价）则关注街道形态与人的心理和行为的交互关系，探究使用者对街道形态的感知、体验和评价。C（呈现与诠释）和 D（理想准则）是另一组相对的议题，它们均试图以街道的物质空间形态为主要线索达到主观的认识目标，分析者的认识和理解及图示技术在其中起到重要作用。C（呈现与诠释）的目标是分析并诠释街道形态的构型，相信形态自身有其内在逻辑和规律可循，通过对街道形态的几何信息进行描述提出相应的呈现技术和诠释策略，并试图对纷繁的形态进行分类和解释。D（理想准则）则意在提出未来的城市形态应当被设计成什么样，试图设立理想形态的标准，来充分定义什么是好的街道形态。不同的研究取向和议题表现了不同视角下街道研究的丰富性，而各类议题之间也是密切关联的，因此一些研究文献可能同时涉及多种议题的探讨，并包含多种研究策略和方法。

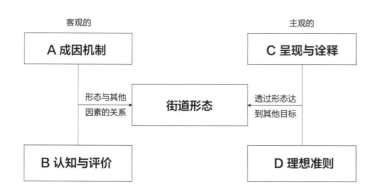

图 1-2 街道形态相关文献的主要研究取向

1）成因机制

成因机制的研究试图从无形的政治决策、经济制度和文化倾向等方面揭示现实的城市物质环境的成因。透过历史的追溯和分析，探究各种因素如何作用于城市形态，并使其塑形，它属于历史性的研究[1]。20世纪60年代起，拉斯姆森（Rasmussen）[2]、科斯托夫（Kostof）[3]等城市学者致力于西方城市形态的演变过程及其背后动因的探究。

在与城市街道形态密切相关的研究中，索斯沃斯（Southworth）和本·约瑟夫（Ben-Joseph）合著的《街道与城镇的形成》（*Streets and the Shaping of Towns and Cities*）[4]追溯了美国街道形态类型的演变过程，并结合英美相关的文献和制度，探究推动街道形态形成的背后动因，包括设计原型、制度法令、颁布的设计标准等。他们将美国街道形态格局归纳为三个阶段：20世纪初的方格网、20世纪30年代到20世纪40年代平行弯曲的街道网和20世纪50年代后的环状干道和尽端路模式（图1-3）。

1. 根据琳达·格鲁特和大卫·王编著的《建筑学研究方法》，建筑学领域共有七类研究：历史性研究、定性研究、相关性研究、实验研究、模拟研究、逻辑论证研究、案例研究。

2. RASMUSSEN S E, GUNST M A. Towns and buildings described in drawings and words[M]. Cambridge: Harvard University Press, 1951.

3. KOSTOF S, TOBIAS R. The city shaped: urban patterns and meanings through history[M]. Boston: Little, Brown and Company, 1991.

4. SOUTHWORTH M, BEN-JOSEPH E. Streets and the shaping of towns and cities[M]. New York: McGraw-Hill, 1997.

图 1-3 美国城市街道形态布局的三个阶段

科斯托夫（Kostof）在《城市的组合——历史进程中的城市形态元素》（*The City Assembled- The Elements of Urban Form through History*）一书中

1. KOSTOF S. The city assembled: the elements of urban form through history[M]. Boston: Little, Brown and Company 1992.

2. DOBBINS M. Urban design and people[M]. Hoboken: John Wiley & Sons, Inc. 2009.

3. LYNCH K. The image of the city[M]. Cambridge: Technology Press, 1960.

4. WHYTE W H. The social life of small urban spaces[M]. Washington, D.C.: Conservation Foundation, 1980.

追溯了街道的起源和街道建设规则（安全、健康、交通等）的引入过程，对比了私有与公共、仪式性和生活性等一系列街道概念，并讨论了现代主义城市中街道的消失和当代街道的回归[1]。道宾斯（Dobbins）在《人与城市设计》（*Urban Design and People*）一书中尝试在多样的街道形态之间建立关系[2]。他认为19世纪后期以来，塑造美国城市形态的设计理论可以被归入三种传统：有机形态传统、形式主义传统和现代主义传统，从而有助于理解今天所能看到的各种街道形态，以及不同形态之间隐含的延续关系。有机形态传统植根于人与自然的相互影响，以"自然主义的""独特的"等为关键词，包括中世纪欧洲的有机街道网络、近代美国郊区的弯曲树状街道布局等。形式主义传统则用几何秩序来组织物质环境，通常伴随着人为的轴线、对称和几何图形等，如中国或罗马的帝王都城街道布局、文艺复兴和巴洛克时期的街道布局、美国城市的方网格等。现代主义传统则以功能主义、理性主义、高效为口号，道路成为"机动车通行的管道"，产生了巨型街区、高架公路，人行路径则变得不连续，步行受到限制。

2）认知与评价

以认知与评价为取向的研究从人的微观视角探索使用者对城市物质形态的感知和评价及其对人的行为方式的影响。研究者往往是置身其外的，通过客观的观察、访谈和图画等方式获得基础信息和数据，并进行分析和总结。林奇（Lynch）通过问卷调查，考察了市民对城市形态的感知，并通过"路径、边界、区域、节点、标志物"五要素分析物质环境在人脑中的意象[3]。盖尔（Gehl）认为人的行为活动受到一系列因素的影响，其中，物质环境往往决定着人的行为方式，如街道宽度、人行道宽度在不知不觉中影响着居民的出行感知。

美国社会学家兼新闻记者怀特（Whyte）通过摄像、访谈和标注记录人的行为类型、位置、时段等手段，用客观的可度量的方法来描述城市公共生活，寻求有些公共空间拥挤而有些却空空荡荡的原因，并总结了包括街道在内的城市小型公共空间保持活力的方法[4]。他认为"街道是生活的河流"，倡导关注街道形态的细节（阳光、空气、树木、橱窗、零售小店等），从而创造出真正符合使用者需求的城市空间。

阿普尔亚德（Appleyard）受三藩市城市规划局的委托，进行了街道的宜居性（livability）研究[1]。该研究小组选取位于同一邻里社区但交通流量相差很大的三个街道进行全面的调查比对，包括步行道宽度、交通流量、车行速度、噪声等，并通过挨家挨户进行访谈和发放问卷获得住户关于社会交往、私密性、领域感等的信息（图1-4），从而评价各种环境因素对住户的影响。波塞尔曼（Bosselmann）等人通过与阿普尔亚德类似的方法，考察了林荫道（boulevard）这种特殊类型街道的宜居性[2]。他们以三个交通流量很大的林荫道为主要研究对象，并对比考察了中等和较低交通流量的其他街道类型，研究了交通对于邻里交往、日常生活的舒适性、住户的相互熟识程度及社区感等的影响（图1-5）。

1. APPLEYARD D, GERSON M S, LINTELL M. Livable streets[M]. Berkeley: University of California Press, 1981.

2. BOSSELMANN P, MACDONALD E, KRONEMEYER T. Livable streets revisited[J]. Journal of the American Planning Association, 1999, 65(2): 168-180.

3. BURTON E, MITCHELL L. Inclusive urban design: streets for life[M]. Oxford: Architectural Press, 2006.

4. BOSSELMANN P. Urban transformation: understanding city design and form[M]. Washington, D.C.: Island Press, 2008.

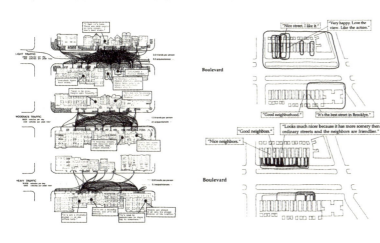

图1-4 三条街道上的邻里交往程度比较（左）

图1-5 街边住户对街道环境及邻里关系的评价（右）

（注：因专业需要，本书引用的插图中的英文不翻译成中文）

波顿和米切尔（Burton和Mitchell）从老年人需要的角度，考察了街道物质形态与人的行为的关系[3]。研究基于对45位老人的伴随活动和深入访谈，总结影响老年人街道活动的物质形态元素，试图针对街道设计的方方面面（从街道网的布局到街道宽度和街道空间形状甚至街道家具的设置）提供全面的设计建议，如小尺度的街区、连接性好的街道布局、面向街道的建筑、混合的土地使用等。波塞尔曼（Bosselmann）回顾了近年来美国街道形态与人的行为的相关研究，并将街道形态的评价指标归纳为宜居性、场所感和活力三个方面[4]。每个方面又被若干参数具体定义：宜居性包括运行良好的交通系统、舒适的户外活动空间、有步行的目的地等，场所感包含归属感、对时间的感知（图1-6）等，活力则由活动的多样性、活动发生的密度等因素来衡量。

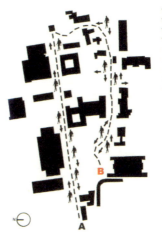

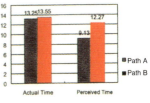

图1-6 行人经过不同路径时的感知时间比较

1. APPLEYARD D, LYNCH K, MYER J R, et al. The view from the road[M]. Cambridge: M.I.T. Press, 1964.

2. CLAY G. Close-up: how to read the American city[M]. New York: Praeger, 1973.

3. GANDELSONAS M. X-urbanism: architecture and the American city[M]. 1st ed. New York: Princeton Architectural Press, 1999.

4. JACOBS A B. Great streets[M]. Cambridge: MIT Press, 1993.

5. JACOBS A B, MACDONALD E, ROFÉ Y. The boulevard book: history, evolution, design of multiway boulevards[M]. Cambridge: MIT Press, 2002.

3）呈现与诠释

城市形态的呈现与诠释致力于对物质空间形态的客观描述和在此基础上的主观演绎，以在纷繁复杂的城市图像中寻找其构型的规律和逻辑。由于观察者是身处其中的，不同的观察视角、层类和呈现方法将展现不同的成果。现代建筑学中以图化（mapping）和图解（diagram）为基本线索的设计分析方法为物质空间的构型分析（formal analysis）提供了有效的技术储备。呈现与诠释具有重要的设计方法论意义，它们是形态设计操作的基础，也是设计的必备环节。20世纪60年代后，从埃森曼到库哈斯，多样的形态呈现方法和个性化诠释方法被不断拓展。阿普尔亚德等（Appleyard）考察了在高速公路上行驶的驾车者的视觉感知体验，并分析和发展了一系列呈现方法[1]。克雷（Clay）在美国城市形态的阅读中试图诠释形态的特点及其背后隐藏的秩序[2]。盖得桑纳斯（Gandelsonas）则以全新的图解方法描述了在各种作用力相互制约下的美国城市空间形态特性，映射出城市内部秩序和肌理的碰撞[3]（图1-7）。

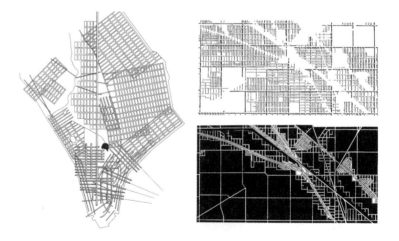

图1-7 盖得桑纳斯对美国城市街道形态的解读和诠释（左图：曼哈顿；右图：芝加哥）

在直接以街道形态为对象的研究中，雅各布斯（Jacobs）的《伟大的街道》（*Great Streets*）[4]通过文字和图示语言记录并呈现了大量著名街道的多样形态，提出优质街道必备的微观特性（如休闲散步场所、物理舒适性、界面定义、应接不暇的街景、透明性、建筑协调性、良好的维护、设计/结构/材料质量等）和能够为街道增光添彩的各种因素（如树木、建筑多样性、细部特色、可达性、人的密度、活动的多样性等）。《林荫道的圣经——多功能林荫道的历史、进化和设计》（*The Boulevard Book— History, Evolution, Design of Multiway Boulevards*）[5]则以曾经被交通专业认为不安全的街道类型——林荫道为专题，呈现其形态类型，追溯其历史，观察不同案例的使用方式和状况，并通过编写街道设计导则来倡导林荫道的新生。马歇尔（Marshall）从几何构型的角度梳理和诠释了西方不同时代的街道形态类型[1]（图1-8），分析其各自的优缺点，并建议建立一种设计编码，使街道的形态设计能够灵活地对形态类型进行选取和组合，从而取代目前受限于几种有限模式的街道设计机制。

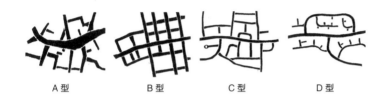

图1-8 马歇尔对四种街道形态类型的抽象呈现

4）理想准则

理想准则的探讨在以上三类研究的基础上展开，试图设立好的形态的评价标准，建议未来的发展方向，直接指向街道形态设计的准则和评价。对比交通专业以快速高效的车辆通行为目标的道路设计理念，城市设计学者相应提出了好的城市形态的评价标准。林奇（Lynch）提出了城市形态的普适性原则、评价标准及性能指标[2]，其中，七条普适性原则包括活力（vitality）、感觉（sense）、适宜性（fit）、可达性（access）、可控性（control）、效率（efficiency）和公平性（justice）。

雅各布斯和阿普尔亚德的《城市设计宣言》（*Toward an Urban Design Manifesto*）提出了良好城市生活的判断标准[3]，（1）针对使用者个体而言：可居性；环境识别性；归属感和责任感；能够使人感到快乐；鼓励想象、创造机遇；城市的可读性、真实性。（2）针对使用者群体而言：鼓励社区公共生活和参与性；城市的自我更新能力、可持续性；对所有人来说都适宜的环境。为了达到以上目标，他们进一步从城市物质形态出发提出五条准则：适宜居住的街道和社区环境；一定的居住密度和使用强度；土地性质的混合、人的行为活动的多样；有建筑围合的城市公共空间；建筑和空间的多样性和复杂性。新城市主义倡导回归网络状的连接性强的街道布局形态。《新城市主义宪章》（*Charter of the New Urbanism*）提出：日常生活的大部分活动应发生在步行可达范围内，采用连接性较好的街道布局网络有利于鼓励步行，减少对机动车的依赖，从而节约能源[4]。城市的可持续性是当代城市发展的目标准则之一。目前，

1. MARSHALL, S. Streets and patterns [M]. London: Routleelge, 2004.

2. LYNCH K. A theory of good city form[M]. Cambridge: MIT Press, 1981.

3. Jacobs A, APPLEYARD D. Toward an urban design manifesto[J]. Journal of the American Planning Association, 1987, 53(1): 112-20.

4. LECCESE M, MCCORMICK K, CONGRESS FOR THE NEW URBANISM. Charter of the new urbanism[M]. New York: McGraw Hill, 2000.

1. 缪朴. 亚太城市的公共空间：当前的问题与对策[M]. 司玲，司然，译. 北京：中国建筑工业出版社，2007.

2. COOKSON-SMITH P. The urban design of impermanence: streets, places and spaces in Hong Kong[M]. Hong kong: MCCM Creations, 2006.

"可持续"被公认由三个方面所定义：环境的友好性，经济的有效性以及社会的包容性。对城市街道而言，环境的友好性意味着减少私家机动车的使用，鼓励步行、自行车和公共交通；社会的包容性指多元的交通方式（步行、自行车、私家车、公共汽车等），不同的使用者均享有各自的权利并能共融，不同的社会活动和社会关系能和谐共存，街道作为城市多元公共空间的承载作用越来越被重视和鼓励。

不同的研究策略、视角和方法相互补充和促进，使得西方街道形态研究相对理性和客观。虽然东西方城市街道无论是在形成机制、演变过程上，还是在使用方式上都有很大差异，但以上对西方街道形态相关研究思路和方法的梳理，可为我国该领域研究的开展提供相当有价值的理论参考。在研究对象方面，我国目前的城市街道建设相对更关注自上而下的铺设，重视街道的交通通行功能，而对街道作为日常生活空间的观察和研究较少。缪朴在《亚太城市的公共空间——当前的问题与对策》中写道："满足普通居民日常需求的无数的邻里街道，是亚洲城市中最为典型，也是被研究得最少的对象……却真正体现着亚洲的城市生活特点。"[1] 从研究方法上来看，中国街道形态的微观描述、诠释和呈现方法亟待拓展。库克森（Cookson）认为，亚洲城市与西方城市相比有显著的特点：缺乏形式性却长于表现力，具有灵活性和随机性，是多元场所的并存和共生[2]。深入的城市观察有待开展，适合中国城市街道的形态诠释方法有待推进。

1.2 语汇梳理——街道布局形态的基本类型

国际背景下有哪些街道形态类型存在？它们生成的原因及运作的背景是怎样的？如何认识和理解这些形态模式的特点和存在方式？本节着眼街道布局形态，梳理其发展的脉络，简述不同时代诞生了怎样的形态类型，并追溯其生成的社会背景与理论源头。在方法层面，本节从类型学的角度进行形态模式归纳，选取那些有明确形态特点的、较为纯粹的典型案例，因为它们往往来源于较为革命性的理念、运动或实践方法，讨论的重点并不放在几种形态类型的层叠、碰撞或者拼贴结果上。而事实上，大部分城市正是多种形态类型混合的产物，其造就了每个城市的独特性。

1.2.1 老城肌底

20 世纪以前,虽然东西方城市经历着不同的发展历程,但街道肌理的铺设方式主要可以概括为几种基本类型:中央集权下的棋盘格、有机网络、几何图案式的放射街道网,以及殖民城市格网。

1)中央集权下的棋盘格

无论是西方的罗马帝国,还是东方的唐代长安、日本京都等,都采用了棋盘格网的形式来组织街道,以形成对城市的强有力控制。在中央集权统治下,城市的街道布局由统治者统一规划。通常,街道先于建筑形成,格网的大小尺度根据统治者的需求变化,不同的城市区域以及不同城市间的格网尺度可能相差很大,并通常设有轴线或者仪式性的街道。棋盘网格具有明确的方向性,且易于管理,成为自上而下铺设城市基底的常用方法。

 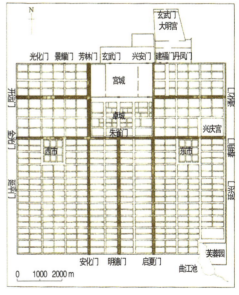

图 1-9 罗马时期建设的提姆加德城(左)

图 1-10 唐代长安城的街道布局(右)

罗马帝国时代建立的提姆加德城(Timgad,位于现阿尔及利亚)建于公元 100 年左右,该城即采用了棋盘网格状的街道布局,如图 1-9 所示。Cardo 与 Decumans 两条大街作为城市轴线,将城市划分为四个区域。其中,东西向的 Decumans 代表太阳的升起和落下,南北向的 Cardo 则代表人们心中的世界轴线,体现了当时人们对世界的理解。

1. 梁江，孙晖.模式与动因：中国城市中心区的形态演变[M].北京：中国建筑工业出版社，2007:71.

以唐代长安为代表的封建中央集权下中国城市的街道布局是粗放的大棋盘格网街道与有机生长的狭窄小坊曲的叠合。统一规划建设的大尺度的格网街道系统，将全城划分为面积不等的"坊"，作为城市基本单位（图1-10），并设坊墙、坊门以便于管理。晚上，坊门关闭，施行宵禁，禁止出入。而里坊内部则以百姓的自发建设为主，形成弯弯曲曲的"坊曲"。"坊曲就是小路，其宽度狭窄、数目之多，令人迷失方向。"[1]

2）有机网络

欧洲中世纪的城市拥有较强的自治权，城市形态往往不是被规划的，而是在不断的自发更新过程中逐渐形成的。如图1-11所示，街道布局形态没有明确的欧几里得几何形状。街道成为连接重要活动点的路径，空间有时狭窄、有时宽敞，有时弯曲、有时笔直。街道长度亦没有统一的尺度限定，由建筑及城市活动决定。在这里，街道布局不是一个结果，而是使用过程中的工具，是功能需求的直接反应，被称为自然生长的有机网络。

图1-11 罗马城市1 km² 的肌理片段

在有机网络的街道布局中，城市更新基于小尺度的地块，街道形态被生活于其中的人自下而上地塑造，街道空间是综合的、丰富的，展现出近人的尺度和良好的效能。街道空间是被沿街建筑界面定义的，具有丰富多变的视觉效果。街道与建筑一虚一实，相互围合，相互定义。

3）几何图案式的放射街道网

14世纪开始，伴随着几何学的发展，城市被作为艺术品构想、观察和实践。在文艺复兴时期的理想城市里，视觉美感和秩序成为城市和建筑评价的重要标准之一，街道的布局方式向巴洛克和新古典主义风格演变。由于透视原理的发现，欧洲掀起了绘画领域的革命，人们开始用全新的视角看待世界，这也对城市和建筑的设计产生了革命性影响，开启了建筑师视角下的城市形态设计。街道的视觉效果往往被作为设计出发点，街道方向正对城市重要标志点。站在这些标志点上，可以看到令人印象深刻的街道视觉景观。城市形态设计趋于从形式出发。为了创造庄严宏伟的街道视觉感受，街道通常采用完整的几何形式来构图，同时由于军事管理需要，主要街道笔直而宽阔。

帕尔马诺瓦城（Palmanova）是一个真正建成的理想城市，位于威尼斯北面，建成于1593年。它的外轮廓呈九边形，设有三座城门，放射状的街道汇聚于六边形的中央广场。在这里，街道布局的几何形式美感先导于城市功能的需要，所有街道均约14米宽（图1-12、图1-13）。

这种放射状的街道布局方式对后来不少城市的建设理念都产生了影响，如豪斯曼改造下的巴黎、美国的城市美化运动等。18世纪中期，豪斯曼（Haussmann）在巴黎实施了大规模的公共工程项目，其中包括在密集的中世纪城市肌理之上，大刀阔斧地开出巴洛克式的宽敞的林荫大道（boulevard）。它采用在原有城市肌理上直接切割的方式，呈现新的

图1-12 帕尔马诺瓦城（左）
图1-13 帕尔马诺瓦城航拍照片（右）

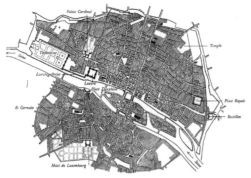 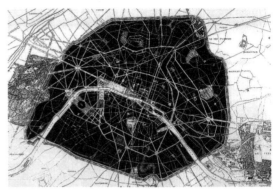

图 1-14　1676 年的巴黎（左）

图 1-15　豪斯曼改造下的巴黎（右）

宏观几何图形与旧的微观肌理相叠加的街道形态（图 1-14、图 1-15）。宽阔的林荫大道使得私人马车可以畅通无阻地行驶，也为后来容纳汽车通行提供了潜力。新的林荫道系统强调街道上的景观效果，连接起重要的公共场所——火车站、市场、公共建筑和城市公园等，从物质环境上将城市打开，将新鲜空气引入密集建设的城区。当然，这种几何图案式的街道布局与老城街巷相比也损失了一些丰富变化的魅力。

4）殖民城市格网

当需要对大片土地进行快速开发时，简单而高效的控制和度量方式是首选。这意味着必须在一种易于实施的逻辑规则下，使土地和资源能够各尽其用，否则将会导致因混乱而难以收拾的局面。统一的格网布局正提供了这样的规则，最典型的案例是铺满美国部分城市的方格网。它源于欧洲人开垦美国大陆之初使用的土地测绘方式，基于公平的土地划分制度，仅由互相垂直的两种走向街道构成。殖民城市格网比起有机网络模式来说，划分出的街区面积大得多，街道宽度统一而宽敞，并往往远超出当时的交通需求，为未来发展提供充足的可能。这种较为粗犷而统一的铺设街道肌理的方式，使得土地买卖和租赁公平而便捷，规划管理也随之简化。典型城市片区，如纽约曼哈顿第十四街以上部分、波士顿的后湾地区、巴塞罗那的新城区等（图 1-16、图 1-17），也成为 19 世纪末与 20 世纪初城市建设的最常用模式。直至今天，格网式的街道布局仍然被不少新城实践着。

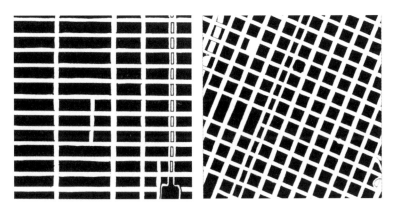

图 1-16 纽约曼哈顿地区的 1 km² 街道肌理片段（左）

图 1-17 美国波特兰的 1 km² 街道肌理片段（右）

与中央集权下的棋盘网格相同，殖民城市格网的基本出发点也是快速建立新的定居片区，因此都采用了网格的逻辑规律。但它们的不同点在于，殖民城市网格的城市主要由自由民构成，他们从事手工业、商业贸易等活动，基于平等民主的社会体制，因此街道布局多采用街区尺度较小的均质格网，从而有利于不同地块平等地拥有交通区位、基础设施、临街面等基础条件，利于标准化的快速建设，并可以通过地块再划分或地块合并来适应多种开发方式的需要。

1.2.2 新城建构

1）创造新模式

随着汽车登上历史舞台，并逐渐成为重要的交通工具，设计师们将其纳入新城规划设计中，于是诱发了道路形态的变革，产生了新的形态模式。这些模式有些被实践了，有些虽然只是理念，但却对此后的城市形态产生决定性的影响。

在欧洲，1898 年，霍华德的《明天：通向真正革新的和平之路》（*Tomorrow: A Peaceful Path to Real Reform*）出版，对后来的新城规划思想和理论起到了启蒙作用。他提出的"田园城市"理论考虑了街道等级的区分，将街道分为交通性道路与以步行为主的社区街道，以保障交通安全与社区生活。在美国大萧条时期，赖特（Wring）提出了"广亩城市"（Broadacre City）的设想，这是一个将城市安放在农业方格网上的城市模型（图 1-18），其以 1 英亩为基本单位。该设想崇尚汽车文化、功能分区，认为汽车的普及将人们从拥挤的老城中解脱出来，倡导一种低密度的、分散的、居住就业相结合的生活方式，居住区之间通过高速公路相联系。

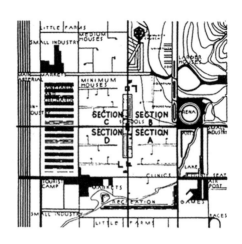

图 1-18　赖特的广亩城市设想

柯布西耶与现代主义城市

19 世纪末 20 世纪初，一些欧洲老城居住环境恶劣，人口拥挤，卫生状况差。为了摆脱阴冷黑暗和过度拥挤的环境，新的城市模型采用人车分流，并重视阳光和新鲜空气的引入。以柯布西耶为代表的欧洲现代主义建筑师们充分设想了汽车时代的城市。他们以标准化、秩序和控制为宣言，认为城市不再需要街道，而应创造新的道路来取代街道。他们将道路比作"排放高速车流的下水管"，强调道路的交通通行功能，否定传统城市中的街道空间。于是，街道被作为现代主义城市的对立面。在现代主义城市里，建筑被看做独立的物体或者雕塑，逐渐与街道分离，自成系统地布局。如图 1-19 所示，从柯布西耶 1942 年出版的《人类住宅》的草图中，我们可以看到传统街道的消失，机动车沿着高架路快速行驶，人则走在没有建筑界面围合的宽阔的绿地环境中。城市的图底关系也发生了变化，建筑被当作独立的物体从外部观看，人在城市内部穿行而带来的体验的多样性不再被重视。"光明城市"与伏瓦生规划都清晰地展现了这样的理念（图 1-20），强调快速而高效的车辆通行，引入道路层级的概念，这是树状层级道路模式的雏形。柯布西耶在其著作中宣称："弯曲的街道是给驴走的，笔直的道路才是给人走的。"巴西利亚作为现代主义建筑和规划原理的全面呈现，采用严格的城市功能分区。宽阔的大马路仅成为机动交通的传输带，巨大尺度的街区缺乏人性的尺度，没有可步行的环境。"这是一个完全没有街道的城市，有的只是大马路，……它是一个没有灵魂的城市。干巴巴的大广场，光秃秃的大马路，纪念碑式的建筑，缺少人们交往的城市空间。"[1]

1. 杨德昭. 新社区与新城市：住宅小区的消逝与新社区的崛起 [M]. 北京：中国电力出版社，2006: 29.

 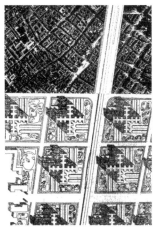

图 1-19　柯布西耶《人类的住宅》(la Maison des Hommes) 中的草图（左）

图 1-20　柯布西耶 1925 年的伏瓦生规划（Plan Voisin）

1933 年 CIAM 通过的《雅典宪章》(Charter of Athens) 表达了现代主义城市和建筑的理念，它与这样一系列词汇相关，如理性、机械美学、功能的、国际化的。城市街区尺度巨大，为汽车所设计，却不可再步行，并直接导致街道体系的瓦解。该理念广泛影响着此后若干年的城市建设，被后来的城市学者们批判为：非人性的城市尺度，缺乏对城市生活的基本认识，仅仅把街道作为车辆通行的通道，却忽视了其作为城市公共生活发生场所的作用。

邻里单元

1929 年，美国规划师克拉伦斯·佩里（Clarence Perry）提出了邻里单元模型（Neighborhood Unit），并将其作为纽约城市规划方案的一部分。邻里单元基于半独立的、可步行的邻里细胞单元概念，根据一所小学的人口家庭数来定义理想单元的大小。邻里单元限制外部交通的穿越，以保证安全安静的居住环境。单元内的街道相互连通，拥有层级。街道生活没有被纳入规划考虑，邻里日常交往活动被设计在中心公共广场。如图 1-21 所示，学校、邻里服务设施和中心公共绿地等被设置于邻里单元中心，图中圆圈表示从单元中心出发，5 分钟步行可达的范围［半径约 1/4 英里（1 英里 =1 609.344 m），约 400 m］。邻里单元理论抛弃了当时占主导的城市格网，启发了全新的社区模式，后来成为一套国家社区的规划标准，影响了美国 20 世纪中期乃至后来的开发模式，并被其他国家广泛学习。

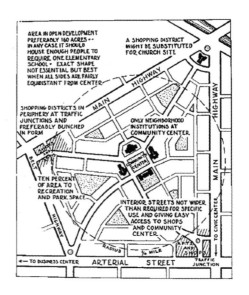

图1-21 佩里的邻里单元模型

雷德朋(Radburn)

斯坦(Stein)和莱特(Wright)于1929年将英国的花园城市理念应用到了美国,并在雷德朋(Radburn,位于新泽西州)的设计中创造性地加入了对机动交通与人行关系的考虑,提供了一种新的社区街道布局模式。他们将城市道路规划系统层次分为高速路、连接不同城市区域的穿越道路、居住区外围的次级道路,以及与居住建筑相连的服务小道四类,采用人车分流的方式和曲线形的街道,并大量使用尽端路(cul-de-sac),从而避免低层级的道路被过境车辆穿行。他们反对格网状的街道布局,认为其不仅鼓励过境交通,而且造价较高。在这里,人行路径与车行道被彻底分开,各成系统(图1-22、图1-23)。

图1-22 雷德朋社区平面图(左)

图1-23 雷德朋的车行和步行系统关系图(右)

尽端路与美国郊区道路形态的塑形

随着机动车在城市中占据越来越重要的地位，美国交通工程专业于20世纪30年代诞生，并设立了美国交通工程师学会（Institute of Transportation Engineers, ITE）。ITE于20世纪40年代设立了一套道路设计标准，根据不同速度和功能将道路分类分级，将过境快速交通与地段慢速交通分流，以高效通行为目标，关注快速行驶中驾车人的舒适和安全，而慢行则位居其次；提倡宽阔的车道和大半径的路口，提倡曲线形态和尽端路模式，认为T型交叉口与十字型交叉口相比可以降低交通事故率。

伴随着美国联邦住宅管理局的设立及相关设计标准的发布，美国的社区街道形态被逐渐塑造。基于邻里单元概念与雷德朋模式，FHA提供了一系列建议性报告来指导道路布局，比如在1936年发布的公告里，反对格网式的街道布局，建议采用层级分明的曲线街道或尽端路（图1-24）。在美国的郊区化进程中，该模式被逐渐制度化。大片的美国郊区土地被植入曲线形态、树状层级的道路布局，塑造了被称为"线圈和棒棒糖"（Loops and Lollipops）的城市形态（图1-25、图1-26）。

伴随着较高的汽车拥有率和大型商业综合体的出现，美国郊区建设以快速高效的汽车通行为目标，更加重视为机动车服务的道路系统建设，而忽略人行的便捷性。因此，这种超大街区的街道布局模式在后来被批评为是为机动车所设计的，导致了人与人关系的离散、居民户外活动减少等问题。

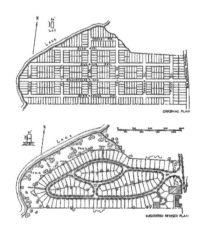

图1-24 FHA发布的街道布局建议公告：反对格网，提倡层级结构的曲线街道和尽端路模式（左）

图1-25 美国郊区的道路布局形态（右）

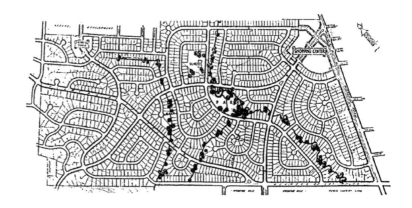

图 1-26 加利福尼亚州红树林城的 Woodside Acres, 1944

2) 向老城学习

在对新城生活的评估中，人们开始重新认识街道及其带来的城市公共生活。雅各布斯（Jacobs）在《美国大城市的死与生》中提醒人们注意街道的混合使用、街道的活力等问题。亚历山大（Alexander）呼吁"城市不是一棵树"，而是复杂的网络，不应简单地被作为树状层级来理解[1]。鲁多夫斯基（Rudofsky）赞美了欧洲老城街道的魅力[2] 等。

身兼道路工程师、建筑师和规划师多专业背景的英国人科林·布楚南（Colin Buchanan）于 20 世纪 60 年代初提出了"环境社区"的概念，认为"街道上的行人应该拥有行走的自由，坐стоял的自由，与他人闲聊的自由等，而不是被交通规则所限制"。1963 年的《布楚南报告》（Buchanan Report）对机动交通的无尽增长对城市带来的不利影响提出了警告，提出从"街道环境容量"的角度考虑，即街道设计不应仅仅以交通流量为依据，更应将其作为重要的城市场所，重视其生活的价值，满足人们丰富多样的慢行活动需要。

新的城市解读视角引发人们对街道的重新认识，凯文·林奇从公众认知的角度讨论城市形态[3]，阿普尔亚德（Appleyard）等从人的感官视角考察了道路上的景观[4]，戈登·库伦（Gordon Cullen）从空间体验来描述和理解老城[5]，拉波波特（Rapoport）倡导从人的感知角度去体认城市形态[6]，克里尔（Krier）等通过建筑界面的勾勒和图底分析使街道不再被视作消极的剩余空间[7]，街道本身的形态被重视。在向老城学习的过程中，紧凑的、功能混合的土地利用方式被推崇，街道布局形态也被重新审视。

1. ALEXANDER C. A city is not a tree[M]. London: Routledge, 1996: 118-131.

2. RUDOFSKY B. Streets for people: a primer for americans[M]. 1st ed. New.York.: Doubleday, 1969.

3. 林奇. 城市意向[M]. 何晓军，方益萍，译. 北京：华夏出版社，2001.

4. APPLEYARD D, LYNCH K, MYER J R, et al. The view from the road. Cambridge: M.I.T. Press, 1964.

5. CULLEN G. The concise townscape [M]. New York: Routleclge, 2012..

6. RAPOPORT A. Human aspects of urban form: towards a man-environment approach to urban form and design[M]. Oxford: Pergamon Press, 1977.

7. KRIER R. Urban space = stadtraum [M]. New York: Rizzoli International Publications, 1979.

作为"茎干"的街道

20世纪50年代,十次小组成员们对现代主义城市理论提出批评,倡导以人为核心的设计,认为城市生长的原理和结构应当被重新认识。他们将街道作为城市和建筑设计中的重要元素来考虑,认为城市的活力离不开街道的建构,展现了对社区环境中公共活动的重视。

坎迪利斯-琼斯-伍兹(Candilis-Josic-Woods)用"茎干(stem)"来比喻街道在城市形态中的结构作用及在城市生活中的联系功能。基于对传统城市街道空间的认识和理解,伍兹通过"茎干"设计完成城市形态的重构,其中最具代表性的包括他在法国图卢兹(Toulouse)的新城规划项目(图1-27)。这是一个基于10万人的新城规划,"茎干"引导了居住区的秩序和规则。以层级概念为基础,街巷联系起不同类型的城市空间,完成从公共到私密空间的过渡。在这里,设计师将机动车与步行作为各自独立的系统,以"空中街道"来组织不同层面的流线,而居住单元则被作为细胞单元镶嵌其中。

图1-27 坎迪利斯-琼斯-伍兹法国图卢兹(Toulouse)新城规划中的老城与新城比较

新传统主义

以安德鲁斯·杜安(Andres Duany)与伊丽莎白·普拉特-柴伯克夫妇(Elzabeth Plater-Zyberk,简称D/P-Z)为开创者的新传统主义认为,20世纪中叶美国郊区树状层级街道布局模式较差的连接性限制了可达性。在向传统城镇学习的过程中,新传统主义者倡导街道在布局上应相互连接,从而为居民出行提供多种路线选择。相对于20世纪后半叶的美国郊区,新传统主义设计下的社区拥有较高的人口密度、混合的土地利用、充满活力的公共空间，街道布局形态拥有较好的连接性，街道宽度较窄，路边人行道则更宽。作为新传统主义代表案例之一的肯特兰（Kentland）规划于1988年，是一个容纳1 600户居民的社区（图1-28）。它由若干个各具特色的邻里单元组成，街道网络具有较多的交叉口及较好的连接性，街区尺度较小，可提供更多的路径选择。它重视街道的安全性和人行体验，鼓励步行。

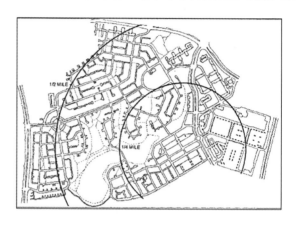

图1-28 肯特兰的街道布局

公共交通导向型发展（TOD）

20世纪80年代，彼得·卡尔索普（Peter Calthorpe）将美国郊区的开发模式与传统城镇相比较，发现后者的居民步行出行率是前者的二倍，机动交通明显减少，并具有较高的人口密度及公交出行率，能有效减少道路的拥堵状况，如图1-29所示。

图1-29 左图：美国郊区的开发模式；右图：传统城镇的开发模式

以公共交通导向、土地的混合利用、步行化和多样性为指导原则，卡尔索普提出了公共交通导向型发展（Transit-Oriented Development, TOD）的社区模式。TOD以公交站点为中心、以舒适的步行距离［2 000英尺

（1英尺=0.3048m），约10分钟步行距离]为半径进行开发，布局住宅、零售、办公、开放空间、公共设施等，并倡导在街道上聚集零售、休闲等公共活动，充分体现着对街道步行友好性的重视（图1-30）。在这里，街道应具有良好的识别性，是相互联系的、清晰易读的，并向核心商业区、公交站、公园学校等汇聚，反对尽端路的模式（图1-31）。为了营造安全舒适、适宜步行的街道环境，街道宽度较窄，树池花坛等被设置来限制机动车的快速通行，一系列包括街道界面处理等的导则被提出。

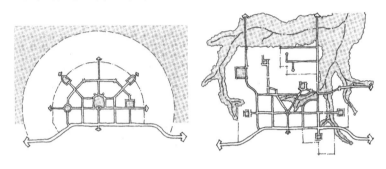

图1-30 卡尔索普的TOD原型及其对自然地理条件的适应变型（上）

图1-31 TOD街道布局的理想模式与不良模式（下）

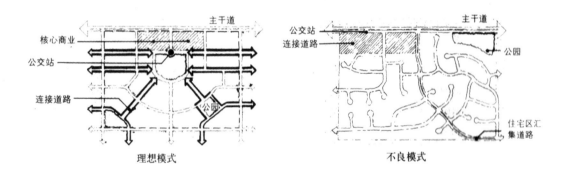

新城市主义（New Urbanism）

虽然源自不同的初始理念和专业背景，但新传统主义和公共交通导向型发展却不约而同地有许多共同点，如土地混合利用、步行友好等。新城市主义在它们的基础上发展而来，是20世纪90年代兴起的城市规划和设计领域的运动。它通过《阿瓦尼原则》（*Ahwahnee Principles*）和《新城市主义宪章》（*Charter of New Urbanism*）的架构及新城市主义大会的设立，建立起理论体系，试图重新定义城市和社区，并深刻影响了20世纪90年代以来美国的社区。

新城市主义力图促进邻里健康发展，提高社区生活品质，重视城市公共生活，提倡城市功能混合。新城市主义协会创始人之一的杜安伊

1. 杨德昭. 新社区与新城市：住宅小区的消逝与新社区的崛起[M]. 北京：中国电力出版社，2006：135.

（Duany）将新城市主义的要点汇集为十项原则，其中包括："街道的连接性"，无论采用规则的几何形还是不规则的有机形式，街道布局都需要具有良好的连接性并形成网络，为多种交通方式服务；"可步行性"，主要活动空间距住宅应控制在 10 分钟步行距离以内，并提供步行友善的街道环境和公共空间；"混合使用并提供多样性"，将住宅、办公、商业等功能区在社区里甚至在同幢建筑里充分混合，以利于不同年龄、不同阶层、不同种族的居民相互交流[1]。

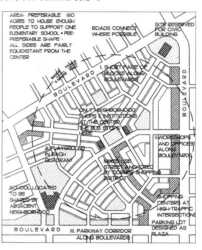

图 1-32　杜安与普拉特－柴伯克的新邻里单元模型

杜安与普拉特－柴伯克夫妇在佩里的邻里单元的基础上进行了改进，提出了新的邻里单元模型，如图 1-21、图 1-32 所示。两者的共同点在于：以交通干道为邻里单元边界，根据配置一所小学的人口家庭数来定义理想邻里单元的大小，并使得邻里单元内任意一处到达单元中心的距离都在步行 5 分钟以内（0.25 英里，约 400m）。而两者的区别包括：杜安与普拉特－柴伯克夫妇的邻里单元更加关注街道的步行友好性，街区尺度更小，街道具有更好的连接性。他们将商业、公共服务设施等设置在公交车站附近，注重步行的方便可达。此外，他们还专门设置了功能混合的街道。

以庞德巴里（Poundbury）为代表的新镇体现着新城市主义的设计意图。图 1-33 和 1-34 是庞德巴里一期项目的总平面图与典型街区平面图，由克里尔（Krier）等指导规划和建设，对英国接下来若干年的住区建设产生了很大影响。在街道布局上，它的街区尺度小（典型街区面积仅约 $0.2\,hm^2$）、街道网的连接性强，从而一方面增加步行的便捷性，另一方面提供多样的路线选择。它的街道宽度较窄，通过相互连接的广场、街道、小巷、庭院等共同构成丰富多样的公共空间，并通过不同类型住宅的混合鼓励不同群体的人们在街道上交流。

图 1-33 庞德巴里一期项目的总平面图和公共空间

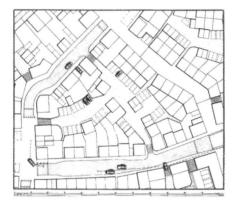

图 1-34 庞德巴里一期项目的典型街区平面图

1.2.3 中国城市街道形态的模式类型

梁江等认为，中国城市街道形态主要有 4 种形态基因：封建传统模式、近代殖民模式、计划经济模式以及现代新区模式[1]，这也对应于街道形态形成的 4 个主要阶段。每个阶段的街道形态都有对应阶段政治、经济、文化等大背景下时代的烙印，并具有鲜明的形态特征。

封建传统模式：里坊向街巷的演化

中国古代封建社会的城市中，街道布局在"井田制"的影响下，以棋盘格为基本形式。社会以农业为本，城市人口亦由相当数量的农业人口组成。农民们日出而作、日落而息，过着自给自足的生活。城市是统治阶级为了维护中央集权、加强政治中心的防御管理，对民众施行统一管制的一种方式。因此，"里坊制"便应运而生了。它始于秦汉，到隋

---

1. 梁江, 孙晖. 模式与动因：中国城市中心区的形态演变 [M]. 北京：中国建筑工业出版社，2007.

1. 薛冰. 南京城市史[M]. 南京: 南京出版社, 2008: 68.

2. 南京市地方志编纂委员会. 南京城市规划志[M]. 南京: 江苏人民出版社, 2008: 91.

唐时期已经发展得较为成熟。"里"是由宽阔的经纬划分道路而形成的矩形街区，四周有墙围合，设置坊门作为出入口，坊门在早晚定时开闭，实行夜间宵禁，形成基本的管理单元，百姓的日常生活被限定于里坊内。而在统治阶级统一铺设的宽阔的大街之外，狭窄的小巷则构成了坊内的通行路径。在严格的管控下，商业行为通常被限制在"市"内，院墙围合出封闭的巷道空间，巷与巷相似，没有识别性，院墙通常单调而少有开洞，街道仅作为交通通行的通道。

随着商业手工业的发展，传统里坊制很难适应城市商品交换的需要。于是，晚唐时期开始出现坊内店铺与夜市。到了宋代，街道布局虽然沿用棋盘格式，但"无为而治"的方针使得自上而下的城市管控力度有所减弱，百姓自发活动在时间和地点上的限制被取消，城市商业活动呈现前所未有的繁荣景象。里坊制也逐渐被打破，向街巷制转变。沿街发展出商业店铺和旅社，坊墙被撤去，一些店铺密集的地方形成街市。城市生活从内向型转变为向街道开放，丰富多样的城市生活在街道上展开，街道作为百姓日常生活发生的场所登上历史舞台。以明代南京为例，虽然明初朱元璋采用分阶级、按职业聚居的制度统一编户，各行业匠户分坊聚居，实施统一的管理，但当时的街坊已经不是真正的传统里坊。街坊内部，居住、小商业和手工业作坊相混合，更倾向于街巷格局[1]。随着街巷进一步承担起城市公共职能，一些街坊名甚至被街巷名所替代，"如清溪坊叫务功街，细柳坊和武胜坊叫广艺街，石城坊叫大市街，钦化坊叫评事街，针功坊叫奇望街，状元坊叫夫子庙街，长乐坊叫长乐巷等。凡在交通方便、人口密集之处，多有专业性的商市形成"[2]。直至今天，南京老城南仍然保留有网巾市、估衣廊、箍桶巷等以古代专业商市命名的地名。

近代殖民模式：西方城市理论的借鉴和植入

近代，中国在打开国门的过程中，借鉴引入了西方城市规划方法，城市建设受到西方理论的较大影响。在街道布局方面，"自主借鉴"和"被动植入"两种方式在中国城市版图上留下了个性鲜明的形态印记。"自主借鉴"是指本国政府在城市建设中主动学习西方规划，并尝试将其与本地特色相结合。代表城市如南京、广州等，常采用轴线对称、放射形等西方城市常用的街道布局形态。其中，民国政府为南京制定的《首都计划》最具代表性，它是民国政府聘请美国建筑师茂菲（Murphy）和工程师古力治（Goodrich）为顾问，以"本诸欧美科学之原则，而于吾国美术之优点"为指导思想而制定的，即提倡在宏观规划上引入欧美规划理念、在微观建筑形式上采用中国传统形式。"被动植入"则常见于在沿海城市的西方国家租界区，多选取成片的未开发的土地进行全新的规划建设，代表城市如上海、天津、武汉等。这些租界区通常呈现小尺度格网的街道布局方式，街区面积小，适应性强，街道没有明显的宽度等级区别，与封建传统城市肌理形成鲜明对比。

计划经济模式：大街区和宽马路

新中国成立后的一段时间内，在计划经济体制下，大街区和宽马路成为主要的街道布局形态。受邻里单元理论及苏联规划方法的影响，一个个独立的单位大院成为城市中基本的细胞单元，并被复制和繁衍。单位大院内部是生产和生活相结合的社区，由单位自组织，沿街设置栏杆和门禁，与外界基本不发生直接联系，仅留下门禁出入口与外部相接。单位大院造就了低密度的城市道路系统。单位大院规模越大，道路间距也越大。

由于街区内部为单位私有，街区尺度巨大，车辆被限制于有限的城市干道上，往往需要更宽的道路来容纳更多的交通量。而反过来，车辆不受打扰地畅行，则指向更大尺度的街区。于是，单位大院与宽马路成为相辅相成的一对共同体。该模式下的街区尺度常为 $500 \mathrm{~m} \times 500 \mathrm{~m}$ 乃至更大，与封建传统模式中的大街不谋而合。只要拓宽大街作为城市干道，干道划分下的街区则划分给各个单位自行组织，大大降低了城市基础建设成本。因此，以超大尺度街区、宽阔而稀疏的街道网为特征的街道布局方式在中国扩散开来。该模式进一步演变为大型门禁居住小区。大马路划分下的街区被整体出让给开发商进行居住小区开发，小区内部道路私有，公众不可穿行。在一些土地资源富裕的郊区或城市边缘，居住小区规模进一步加大，并被组合起来，构成大型居住区。

现代新区模式：格网的成片铺设

粗犷的大街区、宽马路模式很难适应市场经济制度下城市发展的需要。随着土地的有偿使用，住房从配给制的福利品变为市场化的商品，城市建设中市场的力量日益凸显，我国亦进入了快速发展时期，很多大中城市迅速扩张,并在大型项目的带动下迎来开发建设新城区的热潮。这些新城区多是在大片农田空地基础上统一规划的,街道布局采用格网式成片铺设,能够满足简单高效的开发运作要求。街道密度较计划经济模式大很多,街区尺度较为均匀,利于公平的土地出让。

与唐代里坊向宋代街巷的转变相比,中国计划经济向市场经济的转变也使街道形态发生了新一轮的巨变。计划经济时代,许多城市生活都发生在单位大院内部,物品供给依靠供销社等实现,商业活动受到抑制。当代,在向市场经济体制转变的过程中,自下而上的力量正在积极参与城市形态建构,如何认识和掌握城市内在规律并在城市规划设计中进行有效的控制引导成为新的课题。

1.3 交通性与生活性——两种不同认识的冲突

随着机动交通在城市中占据越来越重要的地位,街道中交通通行与街道生活的矛盾也日益凸显。法国社会学家弗朗西斯·高达尔(Francis Gohard)认为街道的关键问题涉及两种不同认识之间的冲突,即网络化的基础设施组织与本地化的社会组织之间的冲突[1]。前者着重考虑道路在整个交通系统中的逻辑,后者则从市民的角度出发考虑人的使用和地方的特性。因此,作为基础设施的街道的交通通行功能与作为公共生活场所的街道的使用功能之间的矛盾也成为城市规划设计中经常探讨的问题。针对交通通行与街道生活的矛盾,有哪些解决的思路和有益的尝试?本节回顾并展现街道的交通性与生活性的若干种关系模式,为解决现实问题提供参考与启示。

1.3.1 街道的本源——交织互嵌

传统老城以及很多聚居集镇中街道的交通通行速度有限,与其他街道活动的冲突不大,街道的交通性与生活性相互交织、相互促进。人来人往、川流不息的场所,正是街道生活发生的地方。如图 1-35 所示,诺利地图(the Nolli Map)用黑白图底揭示了罗马老城公共空间与私有空间的关系。形状各异的广场和公共建筑承担了城市客厅的作用,是城市公共生活发生的场所。而街道串联起这些公共空间,连接起室内或室外的"客厅",让行人在其中自由穿行。在重要公共活动空间附近,街

---

1. 卓健. 城市街道研究与规划设计: 全球 50 个街道案例 [M]. 北京: 中国建筑工业出版社, 2010: 82.

道空间亦会相应放大,提供聚集活动场所。

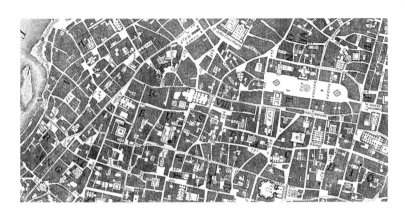

图 1-35 诺利地图片段

1. 南京市地方志编纂委员会. 南京城市规划志[M]. 南京:江苏人民出版社, 2008: 73.

中国老城从里坊制向街巷制的过渡过程也体现着这一特点。南唐江宁府城时期,南京成为全国重要的商业都会,是具有政治、经济、文化等多重职能的中心城市。"秦淮河两岸沿街出现商肆,与手工业作坊相结合形成行业街市……而在交通要冲的主要街道,更是商肆云集,各业纷呈,形成一片繁华闹市"[1]。在这里,人流的汇集促使街道生活的展开,交通通行与街道公共生活交织互嵌。越是人来人往的交通路径,越是公共生活丰富热闹的场所。

1.3.2 现代主义城市——交通主导

在现代主义城市理念中,道路是机动车通行的通道,道路等级根据交通通行速度来定义,而街道被作为其对立面受到扼杀。柯布西耶的 7V 模型即基于道路层级的概念,系统中的每个层级只与其相邻的上一个或下一个层级相连接(图 1-36)。V1 为国道或省级公路,V2 是城市主干路,V3 为仅限机动交通的公路,两侧无人行道和建筑开口,V4 为商业街,V5 为城市分区内部的机动交通道路,V6 是连接建筑入口的慢速道路,V7 则是绿地系统中的步行道和自行车道。这样的层级道路系统在当时具有非凡的创造性,它将住区与交通量大的公路或干道分离开,使其免受噪声的危害。然而,这种层级道路系统也正因为其严格的功能区分而受到质疑。商店被排除在居住区之外,街道失去了活力,对小汽车的过分依赖使得人们不得不开着车去完成一些简单的日常活动。更重要的是,7V 模式忽略了街道的一个重要特性——混合性。在该模式中,每种道路的功能是单一的,体验非常乏味,人们日常生活中的散步、购物、交往等无法相互联系。

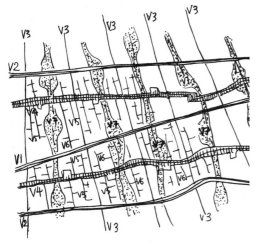
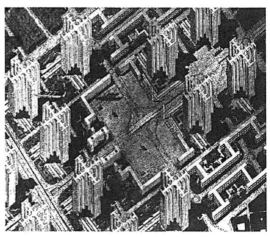

图 1-36　柯布西耶的 7V 道路系统（左）

图 1-37　柯布西耶设想的光明城市（Radiant City）（右）

交通主导下的现代主义城市，虽然摆脱了 19 世纪末诸如卫生、阴暗、缺乏新鲜空气等问题，但机动交通成为道路设计的主导因素并被无限放大，步行环境质量被忽视，街道作为城市公共活动场所的功能消逝（图 1-37）。这种以交通通行为目标的模式曾被两到三代城市设计师、建筑师所拥护，继而导致机动车利益与其他街道功能的严重不平衡。

1.3.3　早期的尝试——分化分离

纯粹以交通通行为目标的城市道路设计方法逐渐显露弊端。在对人居环境的反思中，人们发现在依赖小汽车的城市中，其他出行方式变得越来越不便；社区环境质量大大下降，曾经充满活力的街道氛围不见了，邻里间对街道的使用减少了，一些城市生活的乐趣也消失了。而依赖机动交通的生活模式更带来诸多问题，如缺乏运动而导致的人的健康问题，缺乏街道自然监视作用而引起的犯罪率的提高，汽车尾气的污染等。面对这些问题，设计师们试图通过改变交通组织模式来消除人车矛盾，因此涌现出灵活多样的解决思路。他们有的学习既有模式，有的创造新方法。其中，早期的尝试是以人行与车行的分离分化、各成系统为主导思路。

20 世纪 30 年代初，斯坦（Clarence Stein）和莱特（Wright）在雷德朋（Radburn）的设计中开创性地采用了人车分流、各成系统的模式，如图 1-23 所示。基于道路分级与尽端路模式，街区尺度很大，建筑排列在窄而安静的尽端路两侧，每户住宅都拥有双重出入口，一个车行用，一个人行用（图 1-38）。为了保障邻里日常步行以及儿童上学的安全性，人行路径与机动车道各自独立,并通过地下通道等设置,使得行人不直接穿越机动车道就可以到达邻里公园等公共活动场所。

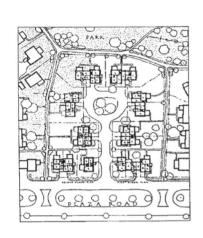
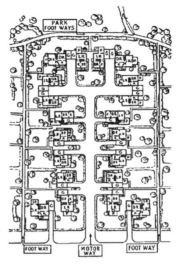

图 1-38　雷德朋模式中每户住宅的双重出入口

20世纪60年代开始,人车矛盾成为规划设计领域讨论的热点之一。设计师们倡导人车分流(segregation)。瑞特(Ritter)在《为人与车而规划》(*Planning for man and motor*)中设想了人车分流的若干种方式(图1-39),包括水平分流、竖向分流、按时间分流等。基于树状层级的道路系统受到一定批判,亚历山大(Alexander)认为,"城市并非一棵树",不应是简单的层级结构,而是复杂的网络;规划应充分考虑多样性和自由选择,而不是为居民提供一种预设的单一生活环境。1969年公布的米尔顿·凯恩斯(Milton Keynes)新城规划就反映了这一理念(图1-40)。该理念下,主要车行道路划分出街区,公共活动设施被安排在街区的四边上,行人通过街区内的步行道可以方便地到达商店、学校、公交车站等地,为城市中不同要素的相互组合、交叠提供了多样可能。

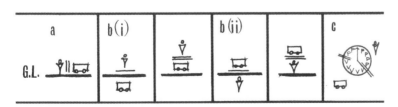

图 1-39　人车分流的若干种方式

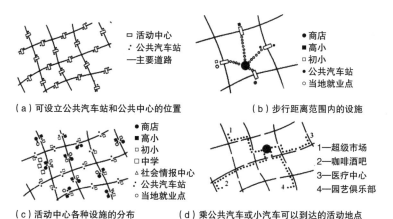

图 1-40 米尔顿·凯恩斯新城的公共设施规划

东京提供了这种思路的现实版本，不同用途的通道在城市中各司其职、各成系统。城市主干道保证了大流量机动车的高效快速通行，行人通过天桥或地下通道过街。商业街作为步行购物的通道，与地铁站等人流密集场所相联系，不受机动车的干扰。社区内部街道，作为居民进出的通道，则常采用人车共享的模式，限制机动车的速度。这些承载不同功能的通道在交通节点进行转换，从而实现不同交通方式的无缝对接。

1.3.4　当代街道生活的回归——混合共享

在人车分流、功能分离的模式下，街道活动相互促进、混合多变的特性无法充分发挥。在雅各布斯等的启发下，传统城市街道中行为活动的多样性被怀念。人们发现，街道不仅仅是"通行管道"，而且带来了综合性的体验，流淌着不经意间的偶遇、交流的乐趣与惊喜。在接下来的若干年中，规划设计领域掀起了关于街道的重读与讨论。莫顿（Moudon）的《为了公众使用的公共街道》（*Public Streets for Public Use*）、安德森（Anderson）的《街道上》（*On Streets*）等广泛收录了不同视角对道的解读和考察，阿普尔亚德（Appleyard）的《宜居街道》（*Livable Streets*）全面探究了街道的可居性等。街道作为复合的城市公共活动场所被重新认识，街道生活被重视并回归现实。

20世纪80年代以来，街道共享理论成为西方规划设计界讨论的热点话题之一。机动车与人行的关系发生了质的转变，人车平等共存的理念取代了人车分离的理念。基本主张包括：1）为各种交通通行方式提供平等共享的街道环境，人车和谐共存，并重视步行者等弱势群体的利益，通过限制机动车通行速度等方法来保证街道步行环境的友好。2）重视街道的生活性，营造充满活力的街道氛围，鼓励邻里交往、休闲游戏等各种街道活动的发生。3）重视"以人为本"的街道空间氛围的塑造，通过建筑、景观、街道设施等设计管理，营造亲切宜人的街道环境。

1.EWING R. Traffic calming state of the practice[M]. Washington, D.C: Institute of Transportation Engineers, 1999: 10.

乌纳夫模式

20世纪60年代，荷兰代尔夫特的居民们自发掀起了一场将邻里街道转变为"Woonerf"（有文献将其翻译为"居家庭院"）的运动，从而抵抗穿越性机动交通。他们在街道上砌筑花坛，设置桌椅、沙池，并通过减小街道转角半径、设置地面铺装变化等方式使机动车不能顺畅通行，机动车不得不放慢速度，从而将街道转变为公共活动空间和家的延伸（图1-41）。这种交通通行与邻里活动共存的模式被称为乌纳夫原则(Woonerf Principle)。该模式于1976年被荷兰政府官方认可，并在接下来若干年内被其他国家效仿，如德国、瑞典、丹麦、英国、日本等。90年代，荷兰已经有超过3 500个共享街道[1]。共享街道理念让人车共处，并优先考虑人的活动权益，适用于低交通量的邻里街道，有利于减少过境交通，将街道归还于居民，促进邻里活动。

街道安宁化策略（Traffic Calming Strategy）

街道安宁化也被称为街道稳静化或邻里交通控制，是为了减少机动交通对人行活动的不利影响、营造适宜居住的邻里环境而展开的一系列综合应对措施，具体包含缩窄街道宽度、设置机动车减速带、实施机动

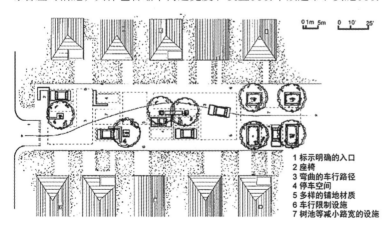

1 标示明确的入口
2 座椅
3 弯曲的车行路径
4 停车空间
5 多样的铺地材质
6 车行限制设施
7 树池等减小路宽的设施

图1-41　荷兰乌纳夫共享街道的典型平面

交通限行、种植树木等,从而使街道环境更加人性化。表1-1列举了街道安宁化的相关措施图示。街道安宁化的实施被认为对社区生活起到改善作用,如降低交通事故发生的数量和严重性,提升街道的安全性;鼓励步行,促进多样的街道活动;降低邻里环境的噪声污染等。因而,街道安宁化被越来越多的国家和地区引入并推行。

表1-1 街道安宁化相关措施示意表

交通容量控制措施	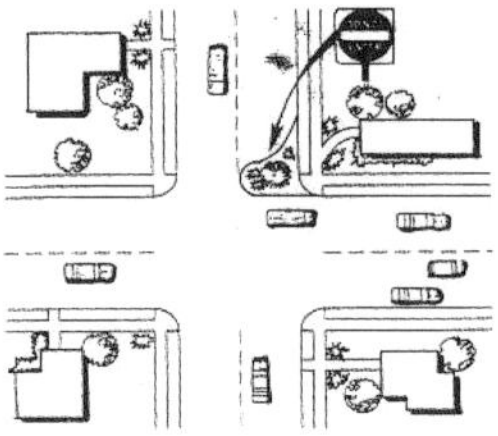 半闭合设施 (half closures)	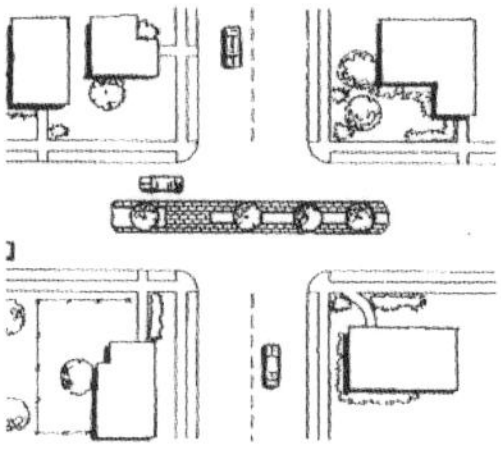 岛状转向设施 (island diverters)	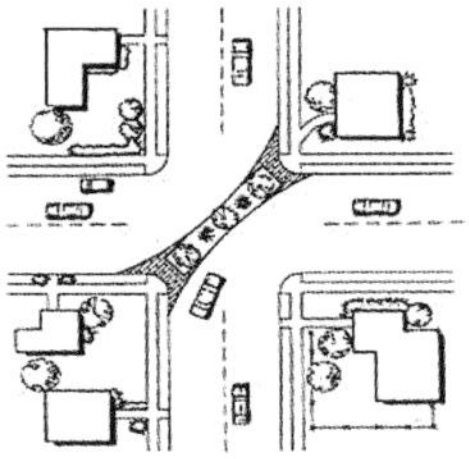 对角线转向设施 (diagonal diverters)
机动车速度控制措施	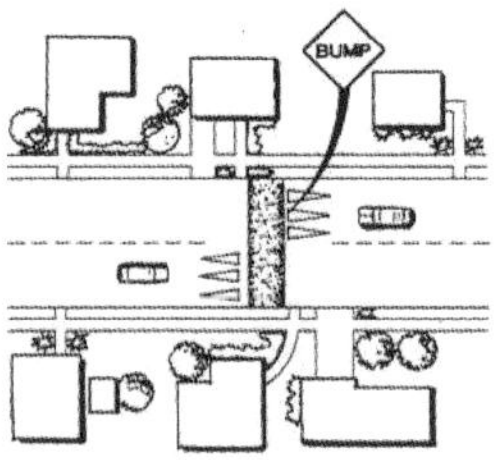 机动车减速带 (speed humps)	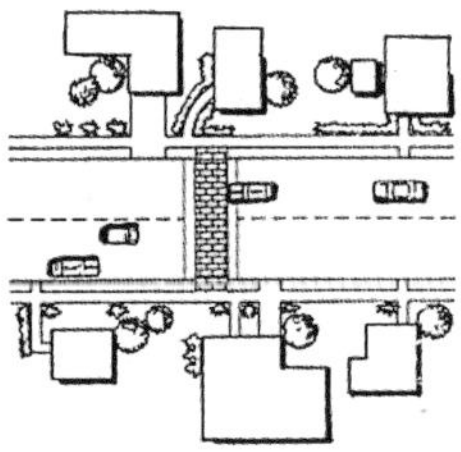 行人过马路带 (raised crosswalks)	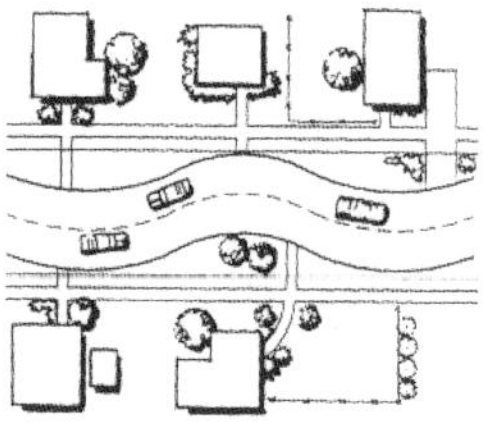 减速弯道 (chicanes)
	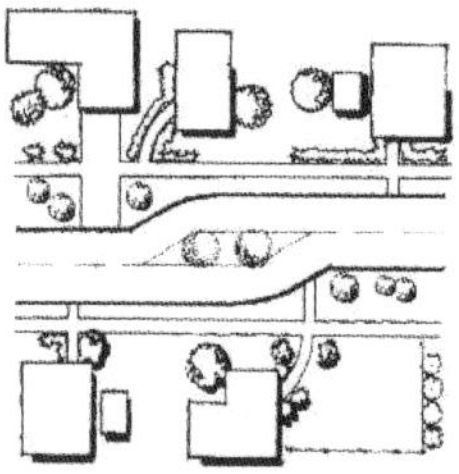 侧向变位设施 (lateral shifts)	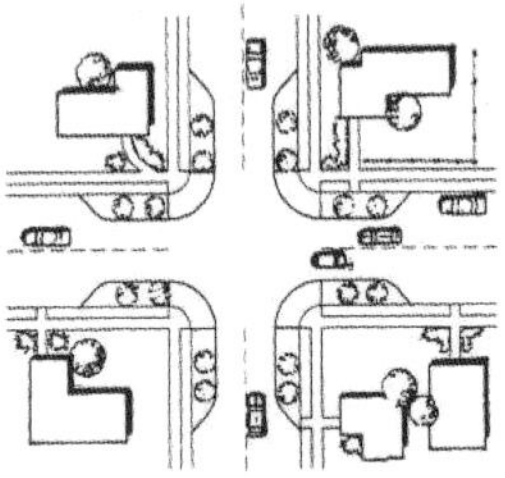 利于行人过马路的颈缩设施 (neckdowns)	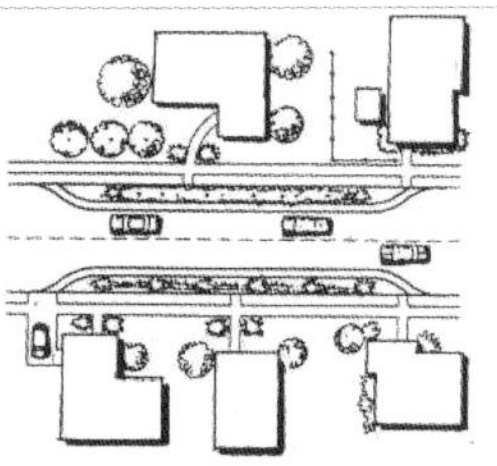 "项圈"设施 (chokers)

街道法规的修订

在城市建设与管理中,人们逐渐发现拓宽道路、增大道路交叉口转弯半径等方法不仅占用了大量土地,而且容易诱导机动车以更快的速度行驶。窄街道不仅有利于降低交通事故的发生频率,更能使街道环境对慢行友好。部分西方国家开始修改以机动车交通为主导的道路法规，试图通过街道设计来降低车速和车流量，营造宜人的社区街道环境。

1991年起，美国俄勒冈州政府重新修订了街道标准，缩减邻里街道宽度，为街道"瘦身"。波特兰（Portland）建立了"微小街道计划"（Skinny Street Program），根据是否设置路边停车点，将邻里街道的最小宽度缩减到20～26英尺（约6～8m）不等，有的街道仅12英尺（约3.6m）宽（图1-42）。"微小街道计划"减少了不必要的道路投资，减缓了机动车速，使得邻里街道空间亲切宜人，利于街道公共活动的发生。

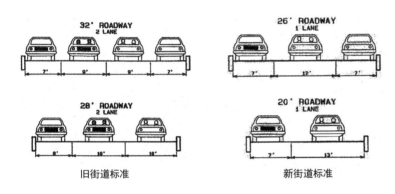

图1-42 波特兰的新老街道标准比较

比利时于2005年颁布了针对城市建成区的《街道法规》（Street Code），作为对既有《道路交通法规》的补充。其中设置了限速区，明确了街道上所有使用者的平等地位，并强调在城市街道中最优先的是弱势群体而不是最快最强的群体。夏洛特（Charlotte）也于2007年采用了新的城市街道设计导则，定义了不同功能的街道类型。导则建议住区采用尽量窄的车道，并将街道宽度划分为三个等级：窄型街道宽20英尺（约6m），用于路边停车数量较少且单侧停车的路段；宽型街道宽35英尺（约10.5m），用于路边停车数量较多且双侧停车的路段；中型街道宽27英尺（约8m），用于其他路段[1]。

复合型林荫大道

在探索人车共存模式的过程中，老城中那些既有的、运行良好的共享街道也被分析与学习。雅各布斯（Jacobs）在《复合型林荫大道的历史、演进与设计》（*The Boulevard Book: History, Evolution, Design of Multiway Boulevards*）中歌颂了复合型林荫大道（multiway boulevard）

1.EWING R, BROWN S J. U.S. traffic calming manual[M]. Chicago: ASCE Press, 2009: 164.

带来的人车和谐的街道环境，追溯了这种街道形成的过程与运作方式，并提出设计和建设导则。复合型林荫大道是一种兼具交通性、仪式性和生活性的街道模式。以巴黎著名的林荫大道为例，图1-43展示了街道断面的空间构成。其中，中央车道用来承载快速过境交通；中央车道两侧的绿岛种植成排的树木，并可容纳自行车道、休闲座椅、公交车站等设施，为人们提供休闲活动的场所；再往两侧的边道用来承载本地交通与路边停车，通常以一条单行道与一个停车道的形式存在；与沿街建筑界面紧邻的是步行边道，与建筑底层的商铺、餐厅、咖啡店等发生密切的联系。绿岛、边道、步行边道与沿街建筑底层共同构成了"步行王国"（pedestrian realm），使得复合型林荫大道可以容纳并鼓励多种交通方式互利共存。

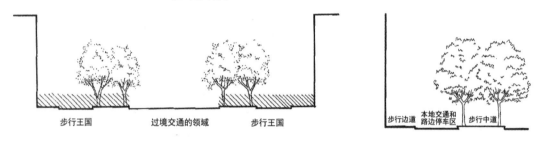

图1-43 复合型林荫大道及其"步行王国"的基本空间构成

雅各布斯认为，复合型林荫大道提供了一种交通与街道生活复合共存的模式，并为城市带来如下好处：一条街道可同时为不同速度、不同类型的交通提供服务，慢速、惬意的街道生活与快速过境交通并存；"步行王国"使得各种街道活动自然地混合，城市环境充满活力；很好地满足了城市生活的多方面需求，兼具可居性、机动性、安全性、趣味性、生态友好性等，并可产生经济效益。

新城市主义

新城市主义也是人车共享理论的倡导者，正如卡尔索普（Calthorpe）所说："街道应被视为具有多重用途的混合体，最好让汽车放慢车速来保证行人在街道上的安全和舒适。"[1] 1996年的《新城市主义宪章》(Charter of the New Urbanism) 倡导社区的紧凑发展、功能混合，以及对城市公共空间的重视，提出了27项基本设计原则。其中，与街道环境相关的观点包括：邻里社区应是适宜步行的、功能混合的；街道的交通性与生活性是可以共存的，并应建立在充分尊重步行活动的基础上；建筑和景观通过物理围合定义街道、广场这些共享场所；街道应提供安全、舒适的氛

1. 卡尔索普 未来美国大都市：生态·社区·美国梦[M].郭亮，译.北京：中国建筑工业出版社，2009：55.

围,并使步行有趣;鼓励邻里间的碰面交流,以增强社区感和凝聚力[1]。这种设计下,街道被作为城市重要的公共空间看待。该设计旨在营造宜人的步行与行车环境,并鼓励街道生活的活跃多样。新城市主义还提供了一系列措施建议以实现街道步行环境的友善,如提供连续完善的步行道系统,通过缩减车道宽度、植物种植、地面铺装变化等方式来降低机动车的通行速度与通行量,建筑物应紧邻街道布置并面向街道,通过行道树的种植营造有遮蔽的步行环境等。

当代规划设计倡导土地利用的集约,鼓励适宜步行且方便换乘的街道布局模式。精明增长运动(smart growth movement)于 20 世纪 90 年代被提出,其反对城市的无序蔓延,探索可持续的发展模式,号召连接性好的街道布局形态,培育以步行为主的社区模式,同时提供多样化的交通工具选择。当代城市中,人们对人车关系的认识已经发生了质的转变,正如道格拉斯·凯尔博(Douglas Kelbaugh)在《共享空间——关于邻里与区域设计》(*Common Place Toward Neighborhood and Regional Design*)中描述的那样:相互连接的街道网络,为步行、自行车、公共交通、小汽车等不同出行方式提供公平、方便、高效的机会,鼓励面对面的交流,鼓励丰富多彩的街道生活[2]。

1.4 形态背后——街道形态认知的理论总结

面对丰富多样的街道形态类型,如何认识和理解它们?它们各自的优缺点是什么?这些类型的共性和本质区别在哪里?如何甄别利弊、判断价值,并为今所用?本节通过比较分析,诠释形态模式的规律,讨论形态类型背后的意义。

1)扎根于社会背景环境

城市物质空间形态扎根于社会、政治、经济的土壤之中,是社会文化的表征。前者如毛,后者若皮,"皮之不存,毛将焉附?"[3] 作为城市物质空间形态的基本要素,街道的形态总与发生的背景相互选择、相辅相成。任何一种街道形态模式都是当时特定的政治、经济、文化、社会背景和人们生活方式的体现。与建筑体的不断更替相比,街道布局是城市更新中较不易发生变更的元素,街道布局形态的变迁往往意味着深层

1. LECCESE M, MCCORMICK K, Congress for the New Urbanism. Charter of the new urbanism[M]. New York: McGraw Hill, 2000: 79-147.

2. 凯尔博. 共享空间:关于邻里与区域设计 [M]. 吕斌,覃宁宁,黄翙,译. 北京:中国建筑工业出版社,2007: 26-27.

3. 梁江,孙晖. 模式与动因:中国城市中心区的形态演变 [M]. 北京:中国建筑工业出版社,2007: 68.

社会体制的变革。因此，不同时代都有当时对于"理想的街道形态"的理解。这些理解体现着不同的价值观，决定于当时的社会制度与交通方式。每种街道形态模式也都有各自的生存背景环境，需要被历史地看待。表1-2归纳了较具代表性的几类街道形态类型，并将它们放在 1 km×1 km 的统一尺度下呈现。

可以通过"几何秩序限定"或"非几何限定"将其构型方式区分为两大类。前者倾向于从形式出发，通过规整的几何图形来建立秩序和方位感，常伴随有轴线、对称、仪式性。街道在城市建设中的优先级高于地块和建筑，城市建设通常在统一规划指引下完成。后者则没有明确的欧几里得几何形式，对地形等自然条件有较好的适应性，因此每个地段都会呈现自己的形态特征。

"非几何限定"街道构型形态包含"有机网络"与"树状层级"。"有机网络"以中世纪老城为源头，并在向老城学习的运动中被积极解读和学习。在中世纪老城，自下而上的力量在城市中占有比较重要的地位，城市更新基于小尺度的地块，街道形态体现功能的需要，是活力点之间的连接。街道空间在使用者的建造活动中发生曲直、长短、缩放的变化，街区拥有近人的尺度和丰富的视觉变化。随着对现代主义城市的批判以及对人行感受的日益重视，以新城市主义为代表的当代城市理论倡导向老城学习，回归连接性强的小尺度街道网络，鼓励丰富的街道生活。"树状层级"街道构型则在 20 世纪初出现，其强调将道路作为"交通通行管道"，根据道路所容纳的交通量和机动车通行速度来划分道路层级，规划设计中常采用曲线形与尽端路形式。

表1-2 同比例下街道布局形态构型的类型比较（1km×1km）

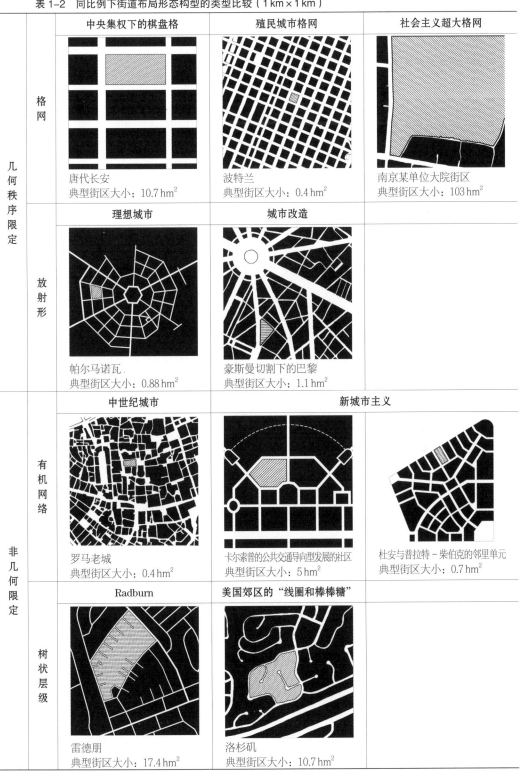

"几何秩序限定"街道布局形态主要以这样两类构型方式为主:"格网"与"放射形"。"格网"非常适合大片用地的快速高效开发,具有很强的控制力,并重视街道的交通功能。其中,最具代表性的包括"中央集权下的棋盘格""殖民城市格网"与"社会主义超大格网"。"放射形"街道布局强调街道的仪式性、纪念性和庄严感,重视设计师视角下的场景感,认为街道应当具有穿透性,从而具有秩序的美感,以巴洛克城市、豪斯曼改造下的巴黎、城市美化运动等为典型代表。

同样作为"格网"构型的街道布局代表,"中央集权下的棋盘格""殖民城市格网"与"社会主义超大格网"基于不同的格网尺度,有着本质的区别。"中央集权下的棋盘格"从统治者的专制视角出发,以易于管理为根本前提,形态往往具有一定的象征意义。其根据城市形制、社会地位等划分土地,因此格网大小不一。初期的街区尺度较大,街道间距稀疏,为人口的逐渐增加提供基础。"殖民城市格网"基于公平公正的土地划分制度,各个街区拥有平等的交通条件,有利于城市基础设施的标准化建设,并具有以下特点:街道密度大,街区尺度小,分散了交通量,提供了更多自由通行的路径选择;有利于产生较多的临街面,提供了更多与公共空间直接接触的机会,也意味着会有更多的商业机会、产生更大的经济效益;是开放的结构,没有明确的边界,可以向其他方向复制和生长。因此,这种小格网是自由经济环境下街道与街区相互依托的结果。这样的街道构型与殖民城市制度相辅相成,却与中央集权下的封建城市相悖。

"社会主义超大格网"在计划经济制度下应运而生。土地没有价格,街道与街区成为各自独立的元素。城市形态从满足功能需求的角度出发:街道宽阔,集中容纳大流量交通;街道间距大,意味着较少的道路交叉口,也意味着较少的公共基础设施投入。地块乃至整个街区则往往被整体划为单位大院,设置门禁,形成独立的"王国"而不受外部干扰。

2)上下力量的共同作用

在街道布局形态及其生成背景的梳理中,有这样两股力量在相互较量、相互影响:一股是来自城市统治者或管理者的自上而下的控制,往往用明确的几何构型逻辑主导着街道形态的宏观铺设;另一股则来自使用者自下而上的改造,在缓慢而持续的过程中影响着街道微观形态的蔓延生长。

自上而下的控制对街道布局宏观结构的影响有这样三种常见构型：（A）格网、（B）放射形与（C）树状层级。明确的几何规则往往有利于简单高效地建立城市秩序，易于管理。街道往往被统一建设，快速成型。自下而上的改造对街道布局微观形态上的影响则常以这样三种构型存在：（a）有机网络、（b）格网与（c）树状层级。微观形态在日积月累的城市活动中逐渐形成，受到地形、已建成建筑等因素的影响，形态往往更加自由。当然，也存在在没有自上而下的强力约束、自下而上力量占据主导的情况下，宏观结构无主导构型（0）的现象。图1-44展示了宏观与微观街道构型叠加组合的可能性。

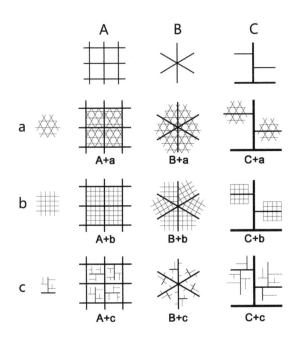

图1-44　宏观与微观街道构型的叠加组合

宏观结构与微观形态的叠合可以帮助理解更多现实城市中的街道布局形态，它们基于不同的政治、经济、社会背景，自上而下控制的力度有强有弱，自下而上生长的程度也参差不同。表1-3列举了叠合构型的部分典型城市片段。

表 1-3 叠加构型的典型案例（1km×1km）

A+a	B+a	0+a
韩国首尔	法国巴黎	丹麦哥本哈根
A+b	A+c	0+b
东京都中央区	美国加州尔湾	西班牙巴塞罗那

3）两种结构的本质区别

  西方城市理论中关于城市生活的认识变迁，使得街道经历了从"生"到"死"再到"复苏"的曲折演变。传统老城的城市中心往往是人们活动最频繁也是街道网络最密集的部分，在向周边的逐步扩散中，公共活动空间逐渐变狭小。在以机动交通为主导的反街道的现代主义城市中，结构则恰恰相反，最高层级是城市外围的快速路，道路体系在逐渐向城市内部渗透的过程中，道路等级与其宽度也逐步递减（图1-45）。事实上，这也对应着两种关于城市的不同理解：前者将城市公共空间作为图形，将建筑作

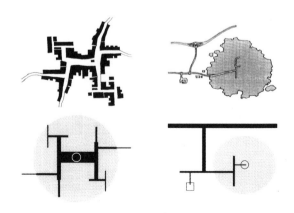

图1-45 城市结构的两种理解

为底，街道和广场是由实体切割出来的空间；而后者将建筑作为图形，认为建筑是放置在地面上的三维物体，建筑与道路成为互不关联的两套系统。

从几何构型角度看，在传统城市中，无论是格网式街道布局还是有机网络式街道布局，街道系统都是相互连接的。而在反街道的现代主义城市与郊区中，层级凌驾于连接性之上，树状层级的街道结构与网状街道结构有着本质的不同。图1-46展示了两者之间的区别，网络结构中如果存在层级的概念，那么各层级之间也是相互连通的，比如H1、H2、H3均可直接与其他层级相接；但在树状层级结构中，某个层级的街道只能与其相邻层级的街道相接，不可越级，如H3只与H2、H4相连，却不能直接与H1和H5相连。

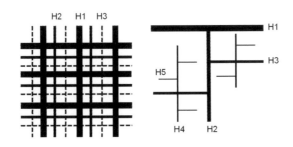

图1-46 网状结构与树状结构的区别

在20世纪下半叶西方掀起的对传统城市重新审视和学习中，人们日益认识到街道作为城市公共空间存在的必要性和对城市的贡献，倡导连接性强的街道布局结构、亲切近人的街道尺度、丰富多样的街道空间，鼓励充满活力的街道生活。人们认为，这样的街道形态会带来很多积极的城市属性，如提供多种路径的选择、鼓励绿色出行、减少机动车使用对环境的污染、有助于邻里交流及社区归属感的建立等，同时有利于当代城市资源的高效利用。

1.5 研究意义与方法

1.5.1 研究对象界定

本书基于城市设计的视角，将研究对象聚焦于生活性街道这一在中国城市中普遍大量存在的物质空间要素。正如缪朴在《亚太城市的公共空间——当前的问题与对策》中写道："当代亚洲城市的公共空间类型

1.SIMPSON J A, WEINER E S C. The Oxford English dictionary[M]. 2nd ed. Oxford: Clarendon Press, 1989.

2.MARSHALL S. Streets and patterns[M]. London: Routledge, 2004.

可以大致分为三类：少量的大型公共空间，如纪念性建筑和大面积绿地；旧城中心的被保护的历史性公共空间；满足普通居民日常需求的无数邻里街道。而第三类邻里公共空间，正是亚洲城市中最为典型也是被研究得最少的现象。"南京有较强的历史层叠性，经历了从封建时期、民国时期、新中国成立后的计划经济时期到改革开放市场经济时期的转变。每个时代都留有各具特色的城市印记，使得今天的城市版图中留存有不同历史阶段形成的典型样本，为研究提供了较好的载体。

街道

"街"，《辞海》定义为"旁边有房屋的道路"，"道"的解释则是"供行走的道路"。在《牛津英语词典》[1]中，街道（street）被从三个方面定义：城市或村庄的道路，相对于巷道来说较宽；两边排列有建筑；通常包括步行道和车行道。街道区别于道路。从物质形态方面看，道路仅包含平面的方向性和宽度属性，无所谓是在空旷的地方经过还是在城市中穿行；而街道则强调三维的空间感，需要有建筑界面的围合，通常出现在城镇内部。从承载的功能看，道路强调通行功能，起到连接目的地的作用；而街道除了通行外，还承载着城市生活，如买卖、休闲、交往等，所以穿行其中的过程变得重要。街道是城市公共空间的重要组成部分，是人们最直接地体认城市的媒介，所以也有文献认为"街道 = 道路 + 场所"[2]。此外，本书中所指的街道都是公共的，即城市公众可以自由通行的，当代商业产品中借用街道概念而建造的室内街等不在本书的研究对象范畴内。

邻里街道

中国很多老城都有这样的形态特点：网格状的城市干道（包括主干道和次干道）将城市版图划分为若干街区组团，各街区组团内部的街道形态则细碎而各异。除个别街区组团以商业用地或景观绿地为主以外，老城区内的大部分街区组团都或多或少包含居住用地，这些居住用地大大小小呈夹花状拼贴于城市中（图1-47），其分布规律不易描述。本书将以居住用地为主的街区组团内部的街道称为"邻里街道"，而将被邻里街道进一步划分的用地称为街区（图1-48）。邻里街道是承载市民日常生活的街道类型，它具有这样的特点：在城市中普遍大量存在，且连成系统，构成城市街道系统的肌底；形态类型丰富，不同时代所形成的邻里街道具有各自显著的形态特征。

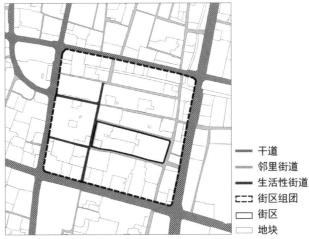

图 1-47　南京老城居住用地分布情况（左）

图 1-48　研究对象概念诠释示意图（右）

生活性街道

在邻里街道中，几乎每个街区组团里都存在那么一条或几条街道或街道段落与众不同，它们除了承载交通通行功能外，还是丰富多彩的邻里公共生活的发生场所，使人们愿意在此停留和集聚，它们与居民的日常生活息息相关。对于这样的街道，本书称为"生活性街道"。生活性街道并不完全是从物质形态角度的定义，而决定于城市现实中街道所承载的行为活动。因此，生活性街道并不是一个绝对的概念，只能说在某个街区组团的邻里街道中，某几条街道或街道段落表现出更强的生活性街道的特征，但不排除有些街道在某些时段具有生活性，而在其他时段又被作为交通通行的路径使用。

主街

每个街区组团里最具人气并拥有持续活力的生活性街道段落，本书称为"主街"。主街是集中承载邻里公共交往和公共生活的场所，它的形成过程不仅受到自上而下城市力量的塑造，更受到自下而上自发行为的影响，是城市各方利益激烈博弈的场所。

形态

形态既指事物外在的表征状态，也指事物各部分的组织方式。本书中的形态区别于形状，并不强调绝对的几何形式，而是从类型的角度进行分析和抽象。形态学（morphology）是研究事物形态的分支学科，来源于希腊语"morph"（构成）和"logos"（逻辑），起源于生物学领域，主要关注生物体的形态特征及其结构组织方式。城市形态学 (urban morphology) 则是系统的关于城市建成肌理的形态、形状、结构、功能以及它们的起因和发展过程的研究，包含城市物质形态的演变过程、城市不同尺度层级间的组织关系等。形态类型学（typo-morphology）则是类型学 (typology) 和形态学 (morphology) 的合称，其主要基于细致地对建筑和城市空间的分类来描述城市形态。

1.5.2 研究的意义

提升对街道的认识和理解

生活性街道是承载人们日常需求的城市空间，也是老百姓不可或缺的公共生活场所。它鼓励使用者的积极参与，而非单纯自上而下的分配和管控，是协调城市各方利益的媒介、强化公民意识的集体空间。而在当代的规划体系中，"街道"常常被"道路"代替，被机动车的快速高效通行主导。本书关于生活性街道的研究希望为城市中大部分人每天都在体验的街道公共环境作一点积极的贡献，将生活性街道归还予"人"。生活性街道不仅是车辆通行的通道，而应被看作复杂的综合体，承载多样的城市活动。它不应仅仅被从车的通行容量与速度上定义，更应被从其他属性衡量，如空间品质、步行的安全与舒适性、街道活动的丰富性、街道尺度的亲切感、社区生活的便利性等。

尝试中微观视野下适合中国城市的解读和呈现方法

与较为清晰的欧美城市形态演变的相关研究相比，中国城市形态及其规律的解读与研究还较为有限。中国城市有自己的发展历程，特别是历史城市由于长期的积累层叠，形态表象相当复杂，街道形态丰富各异，并在使用者的持续改造下发挥着积极的效能。其特征不易把握，为其特征与规律解读带来了困难。本书尝试中微观视野下适合中国城市街道的形态呈现与诠释方法，捕捉其丰富的变化，归纳其形态特征，发展适合中国城市形态的解读与呈现方法。

生活性街道是功能高度综合的城市物质空间要素。街道空间的利用呈现灵活性和流动性。街道不仅仅是交通通行的走廊，还是邻里间的休闲空间、买卖空间、交往空间、表演空间、监视空间、信息展示空间等，更常常在不同时段被以不同方式使用，需要从三维空间角度观察与理解。传统规划通过较宏观的二维视角定义城市，重视自上而下的控制和配给，城市形态的三维描述与设计显得较为薄弱。我们发现，当前规划设计中对街道的描述与定义方法不足以捕捉现实城市中生活性街道的形态特征。本书尝试从中微观视野下的城市观察入手，拓展街道形态类型描述、诠释与度量的方法，还原街道形态的丰富性。

认知城市内在规律

以南京为例的历史城市形态是在漫长的积淀中逐渐形成的，是被自上而下的规划管理与自下而上的自发行为共同塑造的产物。当代城市自发力量的参与，使得生活性街道成为上与下力量激烈博弈的典型场所之一，很多内在规律有待被挖掘与认知。本书从城市形态的表象入手，重视使用者视角下城市规律的观察与分析，试图探索形态背后的动因。因为只有充分认识和理解城市形态的内在规律，才能顺应并利用其作用机制，有效组织与引导城市健康有序发展。

探索生活性街道的建构方法

生活性街道这种高效集约的空间利用方式是未来中国城市发展的积极取向之一，但目前国内关于街道的研究很多还停留在对西方既有理论的归纳和借鉴上，较少有能指导规划设计的有效策略与方法。事实上，东西方街道的形成经历了不同的历史过程，无论是形成演变方式还是被使用的状态都有较大差异，关于当代中国城市生活性街道的建构策略亟待完善。以机动交通为主导的道路规划模式对街道的环境氛围及其所承载的街道生活造成了一定程度的破坏。当人们怀念老城中生活性街道带来的密切的邻里关系、社区特色、生活便利时，当代越来越多的城市理论也倡导通过塑造宜人的街道来挽救城市环境、改善生活品质，如新城市主义、精明城市发展运动等不约而同地倡导的人行优先的街道环境，有利于城市公共空间品质的提高，有利于建构积极健康的社区生活、营造宜人有序的城市环境。本书尝试应用生活性街道形态规律研究的基本结论，对当代中国城市规划中建构生活性街道的层级与策略提出建议，探讨为"人"设计的街道，营造高品质的城市公共环境。

1.5.3 研究的方法

本书从城市形态学出发，展开街道空间形态的读取与诠释，探寻成因机制，指向生活性街道的规划设计方法。面对纷繁芜杂的城市物质空间，如何建立理解与分析的逻辑是研究的难点。本书提出，生活性街道由"自上而下的发生规则"与"自下而上的生长变化"共同构成，并主要从这两条线索来理解与揭示其生成过程。"自上而下的发生规则"从城市形态表象的阅读入手，通过对形态元素的提取与解析，找寻形态特征，揭示自上而下的控制和管理对街道形态的塑造过程，厘清南京城市生活性街道形态类型的脉络；"自下而上的生长变化"则从使用者的视角出发，捕捉、分析与呈现生活性街道的形态规律，探寻其生长动因。

在**研究视野**方面，针对目前中国街道形态的相关研究存在宏观城市视野与微观建筑视野脱节且中微观视野下城市形态的认知呈现与量化分析研究相对薄弱的状况，本书运用不同视野层级转换的方法，并以下两个视野层级为重：1）中观视野下的邻里街道的形态布局，关注街道网的组织；2）微观视野下的生活性街道空间塑造，关注人行视野下的三维空间。

在**研究技术**方面，本书一方面通过文献梳理方法，另一方面通过田野调查、问卷访谈等方法，尽可能全面客观地考察生活性街道的形态特征与使用状态，并通过图绘呈现、数据分析等技术解读数据特征，捕捉形态规律，总结特征与作用机制。

在**研究内容**方面，本书基于从现象呈现到规律探索再到方法建构的过程，研究如何在规划和城市设计中顺应和利用城市的自发规律并进行有效的控制和引导，为塑造高品质的生活性街道环境提供思路和方法。本书在以下几方面有所贡献（图1-49）：

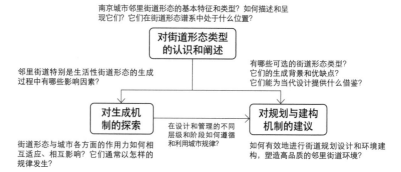

图 1-49 研究的指向与贡献

对街道形态类型的认识和阐述

　　认识和描述是对事物进行分析和操作的前提。本书通过形态类型学的方法来认识生活性街道，展开对形态的描述和呈现，并发掘和理解其特征规律。该部分主要包含两个方面，一是对西方既有理论研究的总结，二是对南京生活性街道形态的诠释。一方面建立较广泛的知识背景，梳理西方城市理论中街道形态的类型模式及其演变的规律，尝试回答在街道发展过程中曾经有过哪些形态类型以及它们各自的优缺点。另一方面读取和归纳南京街道的典型类型及其特点，并从不同视野层级观察、认知和描述生活性街道的形态特征及其多样性。

对生成机制的探索

　　解析形态的成因，挖掘南京城市生活性街道的生成机制。本书从文献梳理与田野调查两方面入手，一方面归纳不同历史阶段街道布局的基本形态类型，讨论自上而下的政治、经济、规划方法下街道布局的生成规则；另一方面通过问卷访谈、观察记录、地图化等工作，考察使用者自下而上的行为和需求，找寻生活性街道形态的构成和分布规律，探究其生成过程中受到哪些因素的作用和影响。

对规划与建构机制的建议

　　本书编写的根本目的既不是回顾历史，也不仅仅是描述与呈现，而是指向以人为本的生活性街道建构方法，对在规划设计的不同阶段如何认识城市的自发力量、如何利用城市形态的生成规律有效地进行形态引导与管理提出建议，并通过团队近年来的多项城市设计实践项目，展现生活性街道作为规划设计要素的设计、管控与行动策略。

第二章 城市形态解析：
南京老城街道布局的总体特征

对于南京这样一座具有悠久历史的老城来说，其当下所呈现的城市物质空间形态是纷繁复杂的。自六朝以来，南京历经了不同历史时期的持续更新建设，不同时代在南京城市版图上留下了印记，街道布局也在多种因素的综合作用下发生着积累和变迁，使得今天的南京老城得以呈现丰富的形态。本章通过发展历程分析与形态类型的归纳，对南京老城的街道布局形态进行呈现和解析，主要从方向、密度、几何构型以及宽度这四种表征因素展开（图2-1），讨论其总体特征与分布规律。

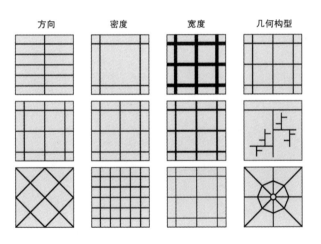

图2-1 街道布局形态的四种表征因素：方向、密度、宽度、几何构型

1. 周岚，童本勤，苏则民，等. 快速现代化进程中的南京老城保护与更新[M]. 南京：东南大学出版社，2004: 2.

南京老城以明城墙为边界，面积约为 40 km^2 [1]。对于看似繁密无章的街道网络（图 2-2），如何从整体上把握和呈现其物质空间形态特征？

图 2-2 南京老城的街道布局

2.1 街道的方向

街道的方向，即街道在方位上的走向。南京老城现有道路和街巷的方向，依托于不同历史时期形成的且互成角度的城市轴线，并且局部地段受到自然山水等条件的制约而发生扭转变形。

对当代南京城市格局最具影响的时期主要包括六朝时期、杨吴和南唐时期、明朝初年，以及民国时期。南唐时期的城市中轴线——中华路，对今天老城中部和南部的大部分街道方向仍有重要影响；明代宫城的中轴线——御道街，决定了南京老城东部的街道走向；而民国时期的城市轴线——中山大道调整了老城北部和中部的部分街道方向（图 2-3）。

图 2-3 不同历史时期形成的互成角度的城市轴线

2.1.1 六朝和南唐城市轴线的影响

三国时期的吴、东晋以及南北朝时期的南朝（包括宋、齐、梁、陈）皆以南京为都城，史称六朝。东吴定都建业，构筑了六朝都城的城市骨架；东晋时期建筑建康宫，并奠定了城市格局；南朝时期在既定格局上进行了改建和完善。六朝时期的城市轴线约为南偏西 14°方向，一方面适应秦淮河走向，另一方面此中轴线正对城市南面的牛首山，以牛首山两峰为天阙。"东吴主要道路有御街，从大司马门经宣阳门直抵朱雀门，长 7 里、宽 10 余米。东晋在大司马门前增加东西向大街，东通建春门，西至西明门，形成"T"字形路网。"[1] 此 T 字形格局成为城内道路方向的准绳，其他街巷的走向大多以此方向为依据（图 2-4）。

南唐江宁府城避开了已经荒芜的六朝建康城宫城的主要地段，而在其南部建设了新城并修筑了城墙，继承了六朝建康城中轴线的大致走向。宫城前的御街，即为今天的中华路；宫城前的东西向干道，则大致为今天的建邺路和白下路（图 2-5）。

1. 苏则民. 南京城市规划史稿：古代篇·近代篇[M]. 北京：中国建筑工业出版社，2008. 81

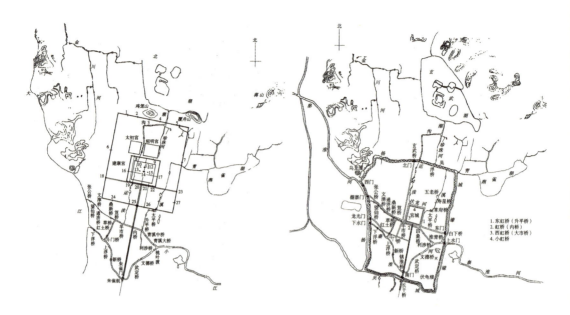

图 2-4 东晋及南朝建康城示意图（左）

图 2-5 南唐江宁府城示意图（右）

图 2-6 六朝和南唐城市轴线对当代南京街道方向的影响（图中，橙色表示东晋和南朝时期的宫城位置以及城市轴线；红色表示南唐时期的宫城和城墙位置以及城市轴线；黑色则表示受六朝和南唐城市轴线影响的当代南京老城街道）

如图 2-6 所示，南唐江宁府城的中轴线——中华路在今天仍为南京城市中的重要干道。六朝和南唐的城市轴线方向更影响了今天南京老城中部和南部的大部分街道走向，与老城东部和西北部的街道肌理形成明显的差异。

2.1.2　明代城市轴线的影响

公元 1368 年，朱元璋称帝，国号明，定都南京。接下来的明代洪武、建文、永乐三朝，皆以南京为都城。明永乐十九年（公元 1421 年），明成祖朱棣迁都北京，将南京作为留都。

明初，朱元璋定都南京时，将皇城和宫城的建设区选在南唐旧城以东相对荒芜的郊野，填平了燕雀湖，以广龙山（今富贵山）为宫城中轴线的北端点，向南一直延伸至正阳门（今光华门）。此做法既避开了热闹繁杂的南唐建康旧城，避免了大量的拆房和扰民，也没有选择已经荒芜的南朝旧城原址。朱元璋在南唐都城城墙的基础上，修建了周长约 35 km 的明城墙，明都城面积约 43 km²，即南京老城的范围（图 2-7）。

都城旧城区内的街道延续六朝和南唐的街巷骨架，新城区则以御道

图 2-7　明应天府城图（左）

图 2-8　明代城市轴线对当代南京街道方向的影响（右）

街为轴线（约为南偏西5°方向）、以宫城为核心进行布局。由图2-8可见，以御道街为准绳，今天南京老城东部的大部分街道走向仍受此轴线方向的影响。

2.1.3 民国城市轴线的影响

1912年，"中华民国"定都江宁，改江宁府为南京。民国成立之初，由于财力物力有限，在南京只进行了零星的建设。1927年复定南京为首都后直至1948年，南京进行过一系列的城市规划活动，包括《首都大计划》《首都计划》《南京市都市计划大纲》等。1927年至1937年侵华日军占领南京之前，是南京近代城市建设的黄金时期，使得南京摆脱了中国古代城市的传统形制，城市格局也有了明显改变。

为迎接孙中山先生的灵柩并在中山陵举行奉安大典，民国政府修建了从中山码头至中山门的中山大道，包括中山北路、中山路和中山东路，路幅宽40 m，以法国梧桐作为行道树。中山大道穿越了南京老城的北部和东部，形成了新的城市轴线。

图2-9 民国首都干路规划系统图（左）

图2-10 民国干道对当代南京街道方向的影响（右）

从《首都计划》的描述中可以窥见当时道路规划的主要策略。"新辟之都市,全部殆属空地,道路系统可以随意规划,了无障碍""惟旧有之都市,建筑物密布地面,道路系统之规划,稍涉任意,牺牲必多,只宜因其固有,加以改良",因此,在"城南一带,屋宇鳞次,道路纵横密布,其状如网,规划道路,本取后法",而城北等其他地方"尚为空地,殆无道路可言,转有多用前法者"[1]。在老城中部和南部,中山大道以大致正南北方向切割了原有的城市肌理,但对老街巷的方向影响不大;而按照《首都干路系统图》,老城北部将以中山北路为轴线,形成与正南北方向呈45°角的格网街道系统,并效仿欧美城市规划采用的放射型和方格网相结合的街道布局,虽然后来仅部分路段付诸实施(图2-9、图2-10)。

1.(民国)国都设计技术专员办事处[M].首都计划.南京:南京出版社,2006:64.

2.1.4 自然山水条件的制约

南京地处丘陵地带,河流和地形的起伏对街道的方向亦会产生作用,使得顺应朝代轴线的街道走向发生扭转变形。南京老城的地形主要由紫金山的余脉向西延伸,形成富贵山、九华山、鸡笼山、鼓楼岗一系列山丘,并延续至五台山、清凉山、石头城,形成天然的分水岭,把南京老城拦腰一分为二。此分水岭以南为秦淮河水系,以北为金川河水系。老城西北部为山丘聚集区,在堪舆学中与老城东部的钟山山脉并称为"虎踞龙盘"。

为了避让山头,山体周边的街道走向发生了明显的扭曲变形(图2-11),对老城西北部的街道方向起到决定性作用。秦淮河周边的街道方向更是明显受到水体走势的影响,紧邻河道的街道会自觉地与河道垂

图 2-11 山体对南京老城街道方向的影响(左)

图 2-12 秦淮河和运渎走势对周边街道方向的影响(右)

直或平行发展,而在离河体一定距离后则又逐渐融入城市轴线影响的格局中(图2-12)。

通过对南京城市街巷方向及其相关影响因素的梳理,本书归纳出以下特点:南京老城并非被一次性规划而成的,而是经历了不同朝代的更替和持续建设,后朝的城市建设总是在前朝已建成的城市物质环境的基础上展开,并对当时的城市现状给予充分的尊重。如,明代避开了六朝和南唐的建成区,在城市东部填了燕雀湖,兴建了皇城和宫城;民国时期亦是对城南老城区街巷采取"因其固有,加以改良"的方法,将较大手笔的街道规划放在未开垦的城市北部。因此,当代南京老城呈现不同方向城市肌理相拼贴的格局,这为研究不同时代城市轴线对街道方向的影响提供了可能。

古代南京老城的皇城宫城区域主要是自上而下规划而成,道路布局受到较为严格的中轴线控制,而宫城以外普通百姓所居住的街巷布局则受到较多的自下而上行为的影响。但除了局部地段受到自然条件制约外,城内建设区的街巷方向亦会受到宫城轴线方向的影响,并与轴线方向平行或垂直。

2.2 街道密度

街道密度是指某街区组团内所有街道长度的总和与该街区组团面积的比值。南京老城内存在明确的低街道密度和高街道密度的街区组团。密度较高的主要分布于老城南部以及北部的部分地区,而老城东部和西

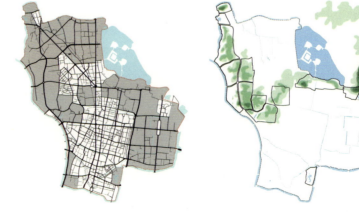

图 2-13 南京老城街道密度较低的街区组团分布(左)

图 2-14 街道密度较低的街区组团与自然地势的关系(右)

北部则主要被街道密度较低的街区组团占据。图 2-13 用灰色区域显示了南京老城街道密度较低的街区组团分布情况。

2.2.1 自然地理因素的影响

街道密度较低的街区组团的分布，首先与自然山体或水体的制约作用密不可分。地形起伏剧烈和水体面积较大的地段不利于高强度的城市开发，城市规划常常从顺应和保护自然生态资源的角度出发，将相关用地规划为生态景观公园，并在其周边采用低强度的土地开发策略。因此，地形起伏和被较大水面占据的街区内部，街道密度较低成为必然。

观察南京老城山体与水面的分布状况，会发现其与老城中部和西北部街道密度较低的街区组团的分布形态大致吻合（图 2-14），主要沿以下两条线索分布：一条为紫金山余脉向西延伸，经北极阁公园、五台山体育中心，直至清凉山公园和石头城；另一条线索以清凉山为起点一路北上，占据了老城西北部的大片用地，经古平岗最终指向狮子山阅江楼。

2.2.2 街道密度较低的街区组团与"边缘带"

对比南唐江宁府都城范围与街道密度较低的街区组团的分布会发现，街道密度较低的街区组团以近乎贴合的姿态沿南唐都城以外呈带状展开（图 2-15）。而老城西北部的街道密度较低的街区组团亦呈带状连续分布，从而在南京老城版图上围合出两块街道密度较大的片区：南唐都城范围区以及现在的鼓楼—山西路一带。

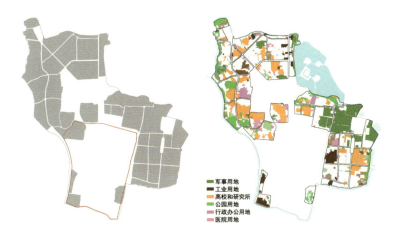

图 2-15 街道密度较低的街区组团带与南唐都城范围（左，图中红色线框表示南唐江宁府都城的范围，灰色表示街道密度较低的街区组团）

图 2-16 街道密度较低的街区组团的土地利用性质（右）

1.WHITEHAND J W R, MORTON N J. The fringe-belt phenomenon and socioeconomic change[J]. Urban Studies, 2006, 43(11): 2047-2066.

2.COZEN M R G. Alnwick, Northumberland: A study in town-plan analysis[M]. London: Institute of British Geographers, 1969: 125.

3.COZEN M R G. Alnwick, Northumberland: a study in town-plan analysis[M]. London: Institute of British Geographers, 1969: 58-59.

街道密度较低的街区组团主要被以下几类用地性质占据：军区大院、工业用地、高校和研究所、城市公共绿地（图2-16）。这些类型用地具有相似的属性：较大的地块面积，有的地块甚至占据整个街区；虽然地块内部有属于单位内部的道路网络，但往往设置了门禁，非本单位人员限制出入，从而使得地块内部成为城市公众的认知盲区；常出现尽端路的形式，街道间的连通性较差。

以上街道密度较低的街区组团的分布情况印证了英国城市形态康恩泽（Conzen）学派经常关注和讨论的"边缘带"（fringe-belt）现象。它最先由路易斯（Louis）在其对大柏林（Great Berlin）的研究中提出，并被后来的很多城市形态研究学者们验证和进一步讨论[1]。"边缘带"主要指由于城镇发展缓慢或者暂时停止而形成的带状区域，由一系列最初倾向城市边缘区位的土地性质混合的单元构成。它是城镇形态中一种特征明显的元素，也是城镇格局中自成一体的重要部分。具有悠久历史的城镇，在上述机制作用下逐渐显现的地理变迁，常常是连续的、广泛的并呈同心圆形态的边缘带系统[2]。与其内部城市空间形态不同的是，它通常地块面积较大，用地属性通常包括工业、研究机构、社区服务、小住宅、独立大住宅，以及公共空间[3]。随着城市的进一步扩张，边缘带会被突破并包裹入城市建设区，从而成为城市版图上具有明显形态特征的带状用地。

为了验证南京老城街道密度较低的街区组团的形成原因是否可以归结为"边缘带"现象，有必要通过不同历史时期的测绘地图比对，考察南京老城建设用地的发展历程（图2-17、图2-18）。自六朝以来，秦淮河周边的南京老城南部地区一直都是居民和小商业聚集之地。南唐时期，江宁府城成为当时全国重要的商业都会，发展迅速，南唐都城护城河成为当时城市发展的边界。明初，定都南京成为城市发展的新动力，虽然修筑了周长达三十多千米的城墙，限定了当今老城的范围，但新的城市建设主要集中在老城东部的宫殿区及其南部，而老城南部旧有的民居区则采取以其自发更替为主的策略。后由于战火，明宫殿区被毁坏和遗弃。直到清代末年，南京老城的建成区仍主要集中在南唐都城范围内，局部略有突破，这从1908年的《测绘金陵城内地名坐向清查荒基全图》中可以明确看出（图2-17a）。民国时期是南京城市发展的又一个契机，当时的城市规划策略是对"鼓楼以下达于南部城墙一带""因其固有，加以改良"，而将新的城市建设区设置在山西路、颐和路一带，跳出了老城故有建成区的束缚。由于中山大道的建设开通，南京城市开始沿着中山北路向西北发展,但由于经费有限和战争的影响,建成区面积有限[图2-17(b)]。中华人民共和国成立后,南京城市进入了全面的扩张发展中,到20世纪70年代末,城市建成区已经全面突破了明城墙的范围[图2-17(c)、图2-17(d)]。在政治、经济等因素的变更下,民国以后的南京从城市发展的停滞中苏醒过来,一系列混合用地迅速以大地块的方式在旧有城市建成区的边缘形成,包括民国末期已经形成的飞机场、高校等用地,也包括新中国成立后的军区、工厂等用地,构成了连续的边缘带。图2-19展示了20世纪90年代初期工业、高校、军事和公园几类用地的分布状态,可见当时在南唐都城和民国新兴建设区的周边,的确形成了连续的边缘带系统。

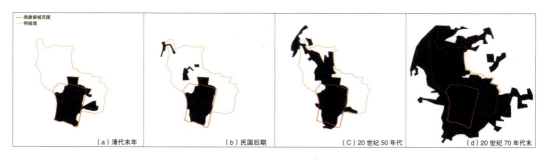

图2-17 南京城市建成区的扩张过程

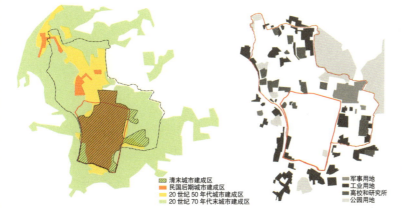

图2-18 不同时代南京城市建成区的叠加(左)

图2-19 20世纪90年代初期老城边缘带分布趋势(右)

南京城市边缘带的分布状态可以从以下几方面进行归纳描述。

a)城市发展的节奏:以南唐都城范围为界,南京城市建成区的扩张过程在相当长的一段历史时期内都处于缓慢的发展状态。在近代新一轮的城市迅速扩张过程中,一系列倾向于围绕城市边缘区位的用地单元在旧有城市建成区的外围形成了连续的、圈状形态的城市边缘带。边缘带现象的背后是城市建设扩张的节奏、土地开发模式和开发强度等之间的紧密联系。

b）地块形态：南京老城的边缘带作为城市中形态特征明显的构成要素，具有街道密度低、超大地块、街区边缘设置门禁和栏杆等形态特点，区别于城市其他街区。

c）用地性质：边缘带内部街区组团的用地主要被军区大院、高校和研究所、工业用地、公园绿地几类属性用地所占。当今，南京老城边缘带的用地属性正发生着转变，工业用地由于污染问题被逐渐搬出老城，其原有用地被新的居住用地等替代。而军区大院、高校和公园绿地作为较为稳定的城市斑块，将在相当长时间内影响着南京老城的城市形态。

从对南京老城内部边缘带的解析中发现，其基本形态为沿南唐都城和民国密集建设区外围展开，与街道密度较低的街区组团的分布形态非常吻合。因此，本书将南京老城街道密度较低的街区组团带的形成原因归结为两种作用力的共同作用：自然地理因素和城市边缘带现象。

2.3 街道布局的几何构型

为了能够更加明晰地揭示街道布局几何构型的类型特征，本书将城市干道以上层级的道路剔除，因为这些干道通常形成于近代，是为了机动车的快速通行而开设的，对城市版图形成了明显的切割作用。而被干道划分的街区组团内部的街道肌理，则呈现多样的布局形态（图2-20），隐含着多种几何构型类型（见表2-1）。作为城市形态中普遍而大量存在的构成元素，它们与公众的日常生活息息相关，是城市中各方利益相互博弈的场所。

1）**有机生成型**：这是一种较为细密的街道布局方式，形成于明清时期的民居聚集区。其没有明确的欧几里得几何形，也没有明确的规划形式，是在长时间的街道空间和建筑相互挤压的积淀中形成的，并适应河道等自然元素发生扭曲变形。

2）**放射型**：民国时期自上而下规划建设的街道形态，位于民国规划拟定的集中建设区。受到西方规划理论的影响，其明显的形态特征是有多条街道汇聚于一点而形成放射状的街道布局，局部街道为了适应地形和景观需要而采用曲线形式。

3）**纵横穿插型**：该类街道布局形态的街区组团也位于民国以前的故有建成区，是在有机生成型街巷肌理的基础上的现代梳理，往往通过地块合并、街巷拓宽等方式植入住宅小区。其街道密度较有机生成型略低，常由相互垂直的两个方向的街道纵横交叉构成，街道间距不均匀，"十字型"和"T字型"路口皆有出现。

4）**人工曲线型**：20世纪80年代后，政府为了解决大量居民安置问题而统一规划、统一建设的居住区的街道布局形式。它充分体现了当时的居住区规划理论和方法，按照交通通行能力分层级设置道路，并往往采用人工曲线的形式进行格网变形。

5）**大网格型**：位于城市边缘带上，原为工业用地，20世纪90年代开始随着工厂搬迁而逐步转变为居住用地。边缘带上原有的地块划分方式对其有直接影响，加上当代门禁居住小区的开发，其多呈现大地块、大网格的街道布局，街道密度低。

图 2-20 南京老城的干道与街区组团内部街道（图中黑色表示城市干道，红色为街区组团中的内部街道）

表 2-1　南京老城街道布局的几何构型类型比较表

几何构型类型名称	典型街区组团名称	典型街区组团的现状街道布局形态（1km×1km）	典型街区组团航拍图（1km×1km）
有机生成型	钓鱼台街区组团		
放射型	仙霞路街区组团		
纵横穿插型	三条巷—五老村街区组团		
人工曲线型	富贵山—北安门街区组团		
大网格型	南昌路街区组团		

2.4 街道的宽度

南京老城的街道虽然宽窄不一、断面形态各异，但我们仍可以从不同历史时期街道的交通通行方式对街道宽度的影响中找到规律和分类的线索。

1) **明清老民居街巷**：狭窄的步行街巷，机动车不可通行，主要分布在南京老城城南一带。民国时期的《首都计划》对其有如下的描述："南京自鼓楼以下至南部城墙一带，原有繁密之街道。街道之重要者，大抵筑自明初，其宽度率为十公尺（10m），亦有宽至十五公尺者。后以管理不严，新建房屋每每侵占街地，以致现在街道，常有一端宽至十五公尺而相距不远即仅得宽度五公尺者。"[1] 保留至今的明清老民居地段的街巷，宽度多为3~6m，在南京老城控制性详细规划（2006年版）现状图中未有完整表达（图2-21）。而事实上，公众可穿行的街巷布局则更加细密而相互交连（图2-22）。

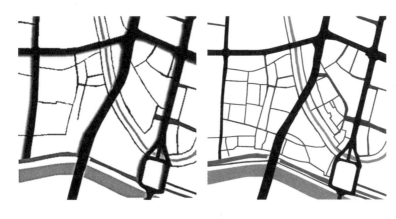

图 2-21　南京老城控制性详细规划中现状图表达的中华门西侧地段明清老民居街区组团的街巷布局（左）

图 2-22　中华门西侧地段街区组团中实际可通行的街巷网络（右）

2) **民国住宅区街道**：20世纪30年代的民国时期，南京计划新建四片住宅区，后来仅颐和路一带和仙霞路一带建成。其规划建设在《首都计划》的指导下完成："由两边之地产界限起计，宽十八公尺（18m），备有此充足之宽度，货车及救火机之往来，可以了无窒碍，路旁并须铺草植树，以增景致。"[2] 街道宽度的设置，兼顾了机动交通通行、行人步行、绿化景观需要。

3) **由明清老街巷拓宽改造的老城街道**：此类街道所在的街区组团在明清时期已经形成了一定的街道网络系统，在后来的城市更新中，建筑肌理被不断更新和改写，街道肌理却大体维持原样，仅局部发生增减

---

1. (民国)国都设计技术专员办事处. 首都计划 [M]. 南京：南京出版社, 2006: 65.

2. (民国)国都设计技术专员办事处. 首都计划 [M]. 南京：南京出版社, 2006: 69.

或改道。因此,明清时期的街巷名称也被保留至今(图2-23、图2-24)。当代城市中该类街道多被拓宽为可容机动车通行的单车道或双车道,两边设置步行道,街道两边建筑间距或单位栏杆之间的距离从9m到20m不等。

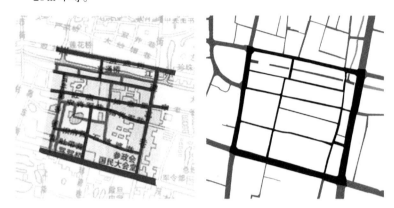

图2-23　1948年南京地图中的红庙街区组团(左)

图2-24　红庙街区组团的现状街道布局(右)

4)**20世纪80年代后新建的居住区道路**:随着居住区理论的发展,20世纪80年代后的新建居住区规划设计有了较为成熟的范式,并被广泛应用。在相关规划理论和方法下诞生的居住区道路形态开始被明确地定义和规范,道路所承载的机动交通通行等级赋予其相应的宽度和断面形式。居住区内部道路一般分为四级:居住区道路、小区路、组团路和宅间小路。

5)**当代城市级道路与门禁居住小区直接相接的模式**:随着交通工程在城市建设中发挥日益重要的作用,城市道路设计被机动车的快速高效通行所主导。规划通常设计到城市支路层级,而将支路划分下的街区直接出让给开发商建设门禁居住小区。居住小区内部的道路和街道则成为私有,公众不可通行。于是,出现了断面尺度宽阔而间距大、密度低的道路形态。

图2-25呈现了上述各种交通通行方式影响下的街道宽度类型比较,不同时代所塑造的街道断面形态总是与当时的交通通行方式相辅相成。明清老民居街巷以步行为主,人流密集的街巷口总是更易发生街道公共活动,如街边买卖、街边餐饮等。街边民居为了尽可能扩大居住面积,或是为了与街道活动发生更紧密的联系,发生侵街行为。于是,街道宽度在日积月累下,在街道公共活动与街边建筑的相互挤压中,自然地发生宽窄变化。由于明清老街巷大部分地段过于狭窄,无法容纳机动车的

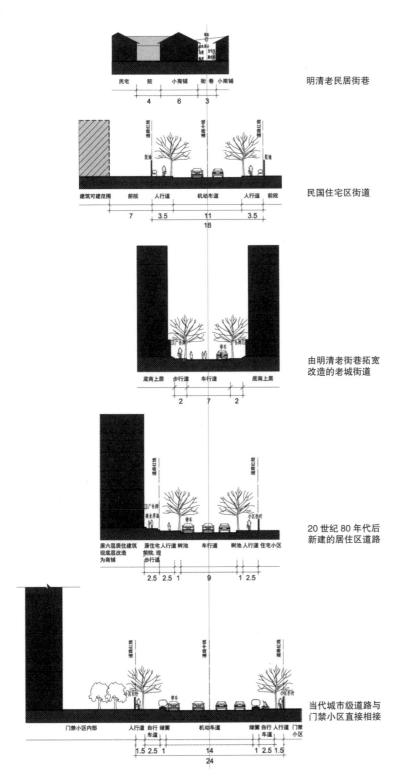

图 2-25 通行方式影响下的街道宽度类型比较

通行,新中国成立后,随着街区内地块的更新,很多街道被拓宽和重组,使得街道两边建筑界面间距达到 9~20 m,可容纳一至两个车道及路边停车。民国规划的住宅区主要是为当时的权贵阶级建设的独户独院式别墅区。考虑私家车开入院内的需要,街道可容纳双向机动车通行,两侧配有较宽的步行空间及舒适的林荫环境。20 世纪 80 年代以后,为了解决居民的住房需求,南京的住宅建设呈现迅猛发展之势。随着居住区规划理论的发展,街道布局也趋于新的模式:根据交通通行能力来明确定义道路等级,并赋予其相应的道路宽度和断面形式。在当代,为了满足日益增长的机动车通行要求,规划中的城市道路被塑造得越来越宽,南京老城里不少街道被一再拓宽和改建。而开发商新建的门禁居住小区则往往更多地从私家车的方便出入与停车需要考虑,行人步行对街道环境的需求却常常被忽略。

2.5 形态类型的分布特征

街道几何构型及宽度的类型分析,展现了南京老城街道布局形态的丰富性。不同历史时期在城市版图上拼贴着各异的纹理,并遵循着与其时代相适应的空间生成规则。城市边缘带理论的引入,进一步揭示街道布局的形态类型在空间分布上的特点:1)几何构型类型中的"有机生成型"和"纵横穿插型"位于南京老城的边缘带以内,并主要分布在南唐都城范围内。2)"放射型"位于民国时期跳出密集的已建成区而新兴开辟的建设地段。3)"人工曲线型"建设于 20 世纪八九十年代,基本围绕边缘带分布。4)"大网格型"位于南京老城边缘带上,是边缘带用地性质发生转变、被纳入新居住用地的结果,因而大地块的土地划分方式仍然留有烙印。在此,南京老城街道布局的形态类型在时间和空间上达到了统一,可以粗略地建立起以下时空分布规律表(见表 2-2)。

本章以南京老城为研究对象,尝试从整体上把握和认识南京老城街道的布局特征,通过方向、密度、几何构型与宽度几个主要的表征因素展开解析,探索形态生成的规律与动因。首先,从街道布局的方向看,南京老城的街道走向至今仍受到若干城市历史轴线的影响。这种影响力作用于不同城市地段,使得当代城市呈现几种方向的肌理相互拼贴的格局。这种互成角度的街道肌理拼贴特征成为南京老城的基底,深刻影响着相关的物质空间环境建设。其次,就街道密度而言,南京老城存在明

表 2-2　南京老城街道布局形态类型的分布特征表

生成时间	在城市中的分布	街道的方向	街道的宽度	街道布局的几何构型
明清时期（1919年以前）	边缘带以内的南唐都城范围内	顺应六朝和南唐城市轴线，局部随自然地理因素扭转变形	以步行为主的明清老民居街巷	有机生成型
民国时期（1912—1949年）	边缘带以内的民国新兴建设区	受民国城市轴线方向影响	民国规划住宅区街道	放射型
20世纪50年代到70年代末	边缘带以内的南唐都城范围内	顺应六朝和南唐城市轴线，局部随自然地理因素扭转变形	由明清老街巷拓宽改造而成的老城街道	纵横穿插型
20世纪80年代到90年代	边缘带外围	顺应地界或空间设计	20世纪80年代后新建居住区的层级道路	人工曲线型
20世纪90年代以后	边缘带上	以正南北向为主，地段间有差异	城市级道路＋门禁居住小区	大网格型

显的低街道密度和高街道密度两种街区组团。除自然地理因素的影响外，城市边缘带效应有效解释了街道密度较低的街区组团带形成的原因及其分布规律，也对街道布局几何构型类型的地理分布规律形成了很好的支持。最后，几何构型类型与宽度类型呈现出若干种街道布局形态的"基因"，并进一步揭示街道形态类型在其生成时间和空间分布上的统一性。物质空间形态是可以读取的城市表象，而每种形态类型则与其生成时代的交通方式、土地开发建设模式、土地权属、规划认识和设计方法、城市更新策略等一系列深层因素密不可分。本章对街道形成的方向和密度进行了诠释，但在几何构型方面仍停留在描述阶段。下一章将追溯南京街道布局形态生成的背景与动因，着重考察自上而下的管控机制，理解街道形态被塑造的过程及其生成规则。

第三章 生成机制分析：
自上而下的发生规则

本章从自上而下的角度，厘清南京邻里街道布局形态的脉络，解析其形态类型以及生成动因，主要由三个部分构成：形态的产生、形态的构成解析、类型比较与生成规则讨论。首先，本章以时间为线索，梳理在不同的历史阶段和不同的政治、经济、社会文化、规划方针等大背景下，曾经有哪些居住街区组团形态生成，了解它们在南京城市版图上的空间分布受到哪些理论方法的引导，并提取典型案例。其次，根据典型案例的时空分布特点及形态特征，归纳了若干种邻里街道布局的基本形态类型（图3-1），通过图解诠释自上而下的控制和管理对街道的塑形过程，并解析不同类型中的基本元素及其构成关系，如地块划分逻辑、街道界面形成方式等。最后，通过形态比较，系统理解邻里街道布局形态的特点和生成规则。

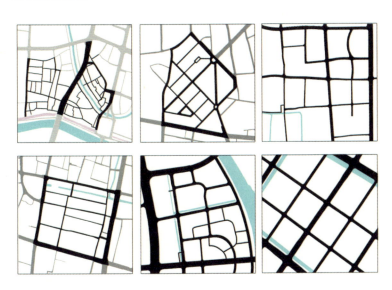

图3-1 南京几种典型邻里街道布局的形态类型

3.1 时代背景与典型案例

本节主要考察以下几个历史阶段产生的典型居住街区的街道形态：明清老民居街区、民国规划的住宅区、20 世纪 50—70 年代中期的人民公社与工厂生活区、20 世纪 80 年代的旧城改造和住宅新区以及 20 世纪 90 年代至 21 世纪初的新城建设，并通过"背景事件和规划方针策略""形态的空间分布""设计理论和规范的引导""典型案例"这几个方面展开。

3.1.1 明清老民居街区

1）形态的生成与更替

明清老民居街区的街道形态一方面受到封建时代建筑形制、民居构建方式的影响，另一方面与自然地理因素有机结合，并在长时间的使用者自下而上的持续改建和新建中逐渐呈现。

a）街巷肌理的生成

东晋时期，面对江南地区随地形屈曲的街巷，南迁的王公大族们试图以洛阳城为蓝本进行改造，而丞相王导对建康城的规划构思是"无所因承，而制置纡曲"，因为"江左地促，不如中国。若使阡陌条畅，则一览而尽，故纡余委曲，若不可测"[1]。在这样的指导思想下，南京城市早期的街道网络格局，除宫城及其周边以御道为中轴线并采用较为严格的轴对称格网布局外，其他地段则随地理条件发生有机变形，特别是沿秦淮河一带的街道肌理随河道发生自然扭曲，从而为老民居街巷的有机形态肌理奠定了基础。在之后若干朝代的建设中，这种有机形态的街巷肌理在南唐都城范围内逐步蔓延扩张。

明初的城市布局在不同地段采取了不同策略，在城东的皇城和宫城区开辟了新的中轴线并以此为核心布置格网型道路，在城北军事防卫区开辟了斜向的连通性道路，而在城市中部和南部则保留了旧城的轴线和细密的街巷网络，三大区域的街巷系统各自相对独立。城内街道分为三个层级：官街、小街和巷道。其中，官街非常宽阔，可容九轨，左右皆缭以官廊，以蔽风雨。小街和巷道则存在于南京老城中部和南部商户作坊与住宅混合聚居的坊内。

1. 南京市地方志编纂委员会. 南京城市规划志[M]. 南京：江苏人民出版社, 2008: 49.

在清代陈作霖的《凤麓小志》和清末的南京城测绘图《测绘金陵城内地名坐向清查荒基全图》中，这种当时几乎布满南京老城城南地区的街巷肌理都可以被领略。它细密交错，没有明确的几何形式，而是随自然地理等条件发生自然变形。街区的大小和形状亦不固定，街道在公与私、宅院与公共空间的博弈中产生（图 3-2、图 3-3）。

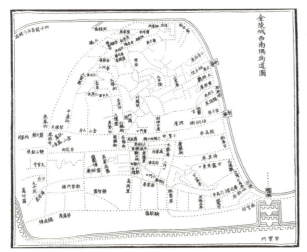

图 3-2　金陵城西南隅街道图（左）

图 3-3　清末南京老城南部的街巷肌理（右）

b）民国时期的改造策略

民国时期对南京改建和新建的策略是"因乎地方之情形"，鼓楼以下达于南部城墙一带，由于"屋宇鳞次，道路纵横密布，其状如网"，且"街道之重要者，大抵筑自明初"，所以"道路系统之规划，稍涉任意，牺牲必多，只宜因其固有，加以改良"，从而使得老城中部和南部的街巷肌理网络得以保留。而城东及城北地区，"尚为空地，殆无道路可言"，"道路系统可以随意规划，了无障碍"[1]。其中，商业和住宅区街道大多采用格网形式。而西北部山地起伏地段的住宅区街道则须考虑地势和景观因素，灵活布局组织。

对于旧有民居密集区的邻里街巷，民国时期编制的《首都计划》通过对通车内街、步行内街、后巷等几种街巷类型的考虑，大体保留了原街巷的肌理网络，并作出如下规则引导："原有道路之不宽放者，将来概改为内街，以为人力车及步行之道路，但仍视其宽度如何而定。内街宽度，定为六公尺，由此宽度，则一方虽停有车辆，而他方仍不碍车辆之通过。又有一种内街，汽车不得行驶，应在两方街口，各竖石柱二条，以阻止汽车之内进。……此外尚有后巷一种，应相察房屋之情形，而规定其开辟之方

1.（民国）国都设计技术专员办事处. 首都计划 [M]. 南京：南京出版社，2006: 64-65.

1.（民国）国都设计技术专员办处．首都计划 [M]. 南京：南京出版社，2006: 72.

2.（民国）国都设计技术专员办处．首都计划 [M]. 南京：南京出版社，2006: 5.

法。"[1] 以上的更新策略较大程度地保留和利用了明清老民居街区的街巷肌理，直至民国末期，南京老城中部和南部大部分街区仍以老街巷肌理为主。

c）新中国成立后的更新活动

新中国成立后不久，中国掀起了"改造街坊、建设家园"的热潮，发动群众修建小街小巷，主要集中于路面铺装等微观环境的改造与优化。20世纪八九十年代以后，一方面，随着南京老城人口日益增多，大规模的城市道路建设带动街巷的拓宽改造，许多老街巷被改造成主、次干道，如原丹凤街、唱经楼、鱼市街经过拓宽改造后统称为丹凤街。另一方面，随着大型居住小区等项目的开发，部分片区的小尺度街巷肌理被整体吞噬，如来凤小区的开发就使得地藏庵、胭脂巷、吉祥街、仁义桥、太平井、金粟庵、玉振巷等街巷消失或被改建成为居住小区内部道路。

近年来，伴随着对旧有街巷氛围的怀念，人们开始反思以开发商为主导的地块整体开发对老城肌理的破坏问题。南京尝试逐步探索老城保护与更新并重的新模式，从老门东、小西湖到荷花塘，以小尺度、渐进式为特点，在保留老城肌理与物质空间要素的同时，探索了原住民与旅游开发等新功能良性共存的更新策略。

2）形态的空间分布

东晋建康城，城市居住用地分为权贵士大夫居住地与普通百姓聚居地。一般来说，居民闾里主要分布在秦淮河南侧的横塘、长干和查下一带，士大夫府第则主要位于城东清溪一带和淮水南岸（如乌衣巷王谢之宅）。南唐时期，城市发展迅速并修建城墙，现南京老城的城南地区逐渐成为人口最密集也是最繁华的民居聚集区，并被作为居住地的典型代表而写入诗作。如，唐代诗人崔颢在《长干曲（其一）》中写的"君家何处住？妾住在横塘。停船暂借问，或恐是同乡"。又如，李白在《长干行》中写的"郎骑竹马来，绕床弄青梅。同居长干里，两小无嫌猜"。明初，朱元璋定都南京，亦将繁华热闹的南唐建康城旧址作为百姓聚居区和商业市井区。直至民国初年，南京民居的分布情况依然是"稠密之部分，乃在城南……城墙以内之地域，虽有四十一公里之面积，惟大部分荒芜，间有田园茅屋，如村落而已"[2]。

从 1908 年的《测绘金陵城内地名坐向清查荒基全图》中,人们可以读到清末时期南京老城中部和南部遍布着细密交错的民居街巷肌理(图3-4)。在 20 世纪 70 年代的南京航拍图(图 3-5)中,人们也可以看到这种肌理在老城南部仍占据主导地位。21 世纪以后,这种老街巷肌理被现代化开发淹没。目前,南京老城范围内较成规模的街巷肌理形态仅存若干片,分别门西钓鱼台一带、老门东考棚、转龙巷一带,以及绒庄新村、安品街一带(图 3-6、图 3-7)。

图 3-4 《测绘金陵城内地名坐向清查荒基全图》(左上)

图 3-5 1976 年南京老城航空影像(右上)

图 3-6 2000 年传统老街巷肌理的分布状况(左下)(图中用黑色区域表示)

图 3-7 2010 年传统老街巷肌理的分布状况(右下)(图中用黑色区域表示)

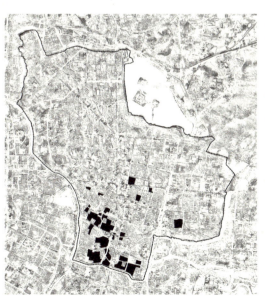 

3）典型案例

目前，南京老城范围内仅存的若干片老民居街巷肌理地段，以细密交错的街巷网络为特点，街区组团内部功能混合，街区平均面积不到 1 hm²，并多呈现老街巷肌理斑块与异质斑块相拼贴的状态。目前的街道布局形态与清代末年相比，改变不大（见表 3-1），有街和巷之分，街多为东西向或与河道平行，巷多为南北向或与河道垂直。

表 3-1 现状与清末的街巷布局形态比较

街区组团名称	钓鱼台	老门东考棚—转龙巷	绒庄新村—安品街
现状街巷的布局形态 （基于 2011 年的田野调查）	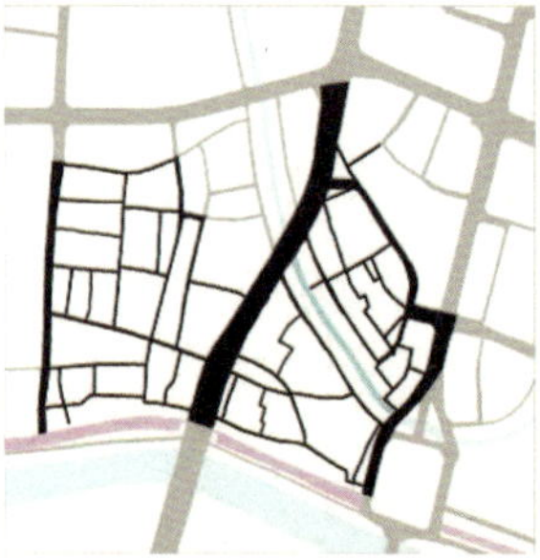		
截取自 1908 年《测绘金陵城内地名坐向清查荒基全图》		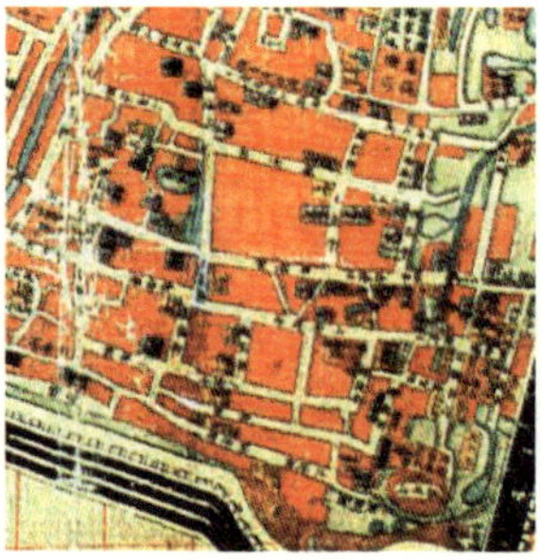	

3.1.2 民国规划的住宅区

1）背景事件和规划方针策略

民国时期定都南京，使得这座城市迎来了近代城市建设的黄金期，在普通民众的居住环境建设方面，首次改自下而上的营建为自上而下的规划建设。"中华民国"在南京建都期间（1912 年、1927—1949 年）编制了若干部有关南京的都市计划，如《南京新建设计划》《南京市政计划》《首都大计划》《首都计划》《南京市都市计划大纲》等。1929 年编制的《首都计划》是南京第一部系统全面的规划文件，由国民政府设立的国都设计技术专员办事处主持编制，并聘请美国建筑师茂菲（Murphy）

和工程师古力治（Goodrich）为顾问、留美建筑师吕彦直为助手。它的基本指导思想为"本诸欧美科学之原则，而于吾国美术之优点"，即提倡在宏观规划上引入欧美规划理念，在微观形态上采用中国传统形式。此外，市政府设立了工务局，负责城市市政建设和城市管理，为《首都计划》的执行实施制定了违章罚则和建设规则。

在道路系统的规划上，《首都计划》引进了林荫大道、环形放射、矩形道路格网等概念，将城市道路分为五个等级：干道、次要道路、环城大道、林荫大道和内街（图3-8）。其中，次要道路为"每一区域内互相贯通之道路"，分为工业区道路、商业区道路、旧住宅区道路、新住宅区道路等。规划的总体原则为："开辟方法，以牺牲房屋最少、费用最廉为原则。商业区内之道路，务须正直，使所区分之房屋段落悉为长方形，而便于商店之建筑。住宅区内之道路，则转宜稍有弯曲，以增加其美观，且住宅区之地点，不必平坦。"[1]

在住宅区规划上，《首都计划》提出公营住宅政策。公营住宅由政府营建，并按照社会地位划分为若干等级，供给下列三种居民："入息低微之工人住用者"和"因拆屋而无家可归之居民住用者"（"城南、城西、城中人烟稠密诸区"）"政府职工住用者"（宜接近所从事机关，在"后湖东北以及中央政治区东、西、南三面"）（图3-9）。此外，工厂工人的住宅由所属工厂负责，在下关以及三汊河南部工厂区附近[2]。

1.（民国）国都设计技术专员办事处. 首都计划 [M]. 南京：南京出版社，2006: 68.

2.（民国）国都设计技术专员办事处. 首都计划 [M]. 南京：南京出版社，2006: 198-202.

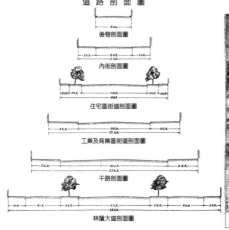

图3-8 《首都计划》中的道路剖面图（左）

图3-9 《首都计划》中的政府职工住宅鸟瞰草图（右）

2）形态的空间分布

20世纪30年代，民国市政当局计划在南京新建四片高档住宅区，分别位于山西路—颐和路一带、中山北路以西省机械局附近、中山东路两侧，以及金陵女子文理学院（今南京师范大学）附近。1933年，南京市政府还制定了《南京新住宅区建筑章程》，对房屋间距、高度等提出控制要求。这四片住宅区中，第二和第三住宅区未付诸实施；第一住宅区（位于颐和路一带）如期建成；第四住宅区，路网按规划建设完成，但原计划兴建的近300幢住宅仅少数动工，因抗日战争爆发而停建。另外，民国时期在中山陵园东南还建有陵园新村，占地千亩，建有200多幢新式住宅，然而在日军侵占南京期间被毁，后仅陵园邮局被重建并留存至今。

除成片规划的新住宅区外，南京城内还零散建造了一些里弄式新村和标准较高的住宅，包括天主教会建设的中式砖木结构二层楼房，如天光里、天保里等。南京各机关单位为解决职工居住问题，建造了多户公用宿舍，如银行界的宁中里、邮政界的五台山村等。私营地产公司和营造厂以出租盈利为目的建造了里弄住宅，如成贤里、忠林坊等。抗战胜利后，国民政府还都南京，政府为解决公教人员的住房问题筹建了五片公教新村。

但这些住房营建项目都因规模较小，并未对邻里街道布局形态造成较大影响。此外，自下而上行为建设的私人别墅和公馆，分散在南京老城的大街小巷。而绝大多数普通百姓，仍居住在城南等地的老民居街巷内。

3）典型案例

颐和路街区组团与仙霞路街区组团是民国时期规划和建设规模较大，且整个街区组团邻里街道布局的形态特点可读性较强的案例。表3-2比对了1943年与现状的街道布局形态（基于2011年的田野调查）。我们可以看到，这两个街区组团的街道肌理在民国时期就已经形成，并与今天的街道布局状况基本一致。两个街区组团都属于当时统一规划的高档住宅区，以具有明确几何形式的街道布局为特点，街区平均面积在$2.0 \sim 2.5 \, \text{hm}^2$之间。不同点是，颐和路街区组团内的住宅建筑在民国时期就已经基本形成，而仙霞路街区组团内的建筑则是后期逐渐填补上的。

表 3-2 现状与 1943 年的街道布局形态比较

街区组团名称	颐和路	仙霞路
现状街道的布局形态（基于 2011 年的田野调查）		
截取自 1943 年《南京市市街图》		

3.1.3　20 世纪 50—70 年代中期的人民公社与工厂生活区

1）背景事件和规划方针策略

　　中华人民共和国成立后，南京市逐步建立起城市规划和建设管理制度。1954—1957 年制定的《城市分区计划初步规划》和《城市初步规划草案》，确定了城市建设由内向外、填空补实、逐步发展的基本思想。"第一个五年计划"时期（1953—1957 年），贯彻"先生产、后生活"的城市建设方针，重点建设工业、教学用房，新建住宅较少。1956 年编制的《城市初步规划草案》以工业区的选择和工业用地布置原则为重点，居住区用地规划则是以工厂、学校等为单位，分区平衡[1]。

　　"大跃进"时期（1958—1960 年），全国进入了大炼钢铁和建设人民公社的高潮。本着"一切为生产服务"的指导思想，城市超常规发展，工业遍地开花，人民公社、卫星城、工矿区等被纳入规划内容。"大办工业"运动动员全民办工厂，让出部分住房作为街道食堂、幼托等[2]，房屋拆除较多、建设较少。1960 年的《南京地区区域规划》便是这一时期南京编制的主要规划成果，"为了便于进行大面积机耕，组织社员集体生活，

1. 南京市地方志编纂委员会. 南京城市规划志 [M]. 南京：江苏人民出版社, 2008: 144.

2. 南京市地方志编纂委员会. 南京市志 2：城乡建设 [M]. 北京：方志出版社, 2009: 646.

将分散的自然村进行有计划的合并,建立过渡性居民点,并计划待农村经济条件有进一步提高后,再作第二次合并"[1]。

1961—1964年,中国进入了三年调整期。根据中共八届九中全会提出的"调整、巩固、充实、提高"的八字方针,南京市编制了《缩减调整规划》,节约用地,压缩了过度虚胀的城市用地。1966年"文化大革命"开始,接下来的十年"文革"期间提倡"干打垒"[2]精神,规划管理被贬为"管、卡、压",城市规划被取消,城市建设处于失控状态。

2)形态的空间分布

新中国成立初期,南京的住宅建设本着"充分利用,填空补缺,逐步发展"的原则,以维护为主,较少成片地新建。50年代中期的爱国卫生运动,掀起棚户改造热潮。南京市政府先后在五老村、汉府新村、四所村等地将棚户和危房改建成为砖木结构住房。由于城内空地较多,新建住宅用地一般安排在建设单位院内或附近农田、菜地等空地上。如,1952年起,南京市政府逐步组织厂矿企业建设职工住房,相继建设了东井新村、曙光新村等[3]。此外,为了统一安排各厂矿优秀工人和市劳动模范的住房,南京市政府于1952年在芦席营规划建设了南京市第一个工人新村。

20世纪六七十年代,城内一些行政和企事业单位"见缝插针"地在其单位所属空地或者邻近地块修建职工宿舍,多以分散建设为主,采取"占用少量、零星农田或城市边角地等挖掘潜力"的策略。住宅布置采用简单的行列式,出现了较多简易住房。一些城郊大型企业也利用厂区附近空地新建职工生活区,如城北的长江炼油厂,南化公司建设的九村、十村生活区,板桥的梅山冶金公司等,以解决职工最基本的生活需求。

3)设计理论的影响

1950年代后,我国引进了交通分级原则,并主要受到"邻里单元"理论与苏联"街坊"模式的影响。"邻里单元(neighborhood unit)"是20世纪20年代美国规划师克拉伦斯·佩里(Clarence Perry)提出的半独立的邻里细胞单元概念,根据配置一所小学的人口家庭数来定义理想邻里单元的大小。"街坊"则是20世纪初期苏联为改善工人居住条件建设的住宅区,其特点包括:车行道路不可穿越街坊,以保证住宅区内部的安全和安静;

---

[1] 南京市地方志编纂委员会. 南京城市规划志 [M]. 南京:江苏人民出版社,2008:146.

[2] 原指一种简易的筑墙方法。"干打垒"精神源自大庆石油会战的艰苦奋斗,后引申为因陋就简、艰苦创业的精神。

[3] 周岚,童本勤,苏则民,等. 快速现代化进程中的南京老城保护与更新 [M]. 南京:东南大学出版社,2004:20.

以幼托为中心,集中紧凑地布置住宅建筑;住宅多采用周边式布置,并有较大的院落等[1]。随着汽车的广泛使用,城市道路格网逐步增大,形成了"扩大街坊",即将几个街坊统一规划设计,并配置相应的公共服务设施。由于南京地区对住宅建筑的朝向要求,"街坊"模式的住宅群布置方式在南京应用较少,但对当时公共服务设施的配置方法起到了重要引导作用。

20世纪50年代后期,我国发展出"居住小区"概念,是"由城市道路或自然界限划分的具有一定规模并不为城市交通干道所穿越的完整地段,区内设有整套满足居民日常生活的基层公共服务设施和机构"[2]。当时的居住小区主要有两种组织方式:"成组成团"式,由三到四个住宅组团形成相对独立完整的居住小区;"先成街后成坊"式,是上海等城市在建设了大片工人新村却又难以形成城市面貌的基础上提出的,沿街在住宅底层布置商业服务设施的模式[3]。在"一切为生产服务"的社会背景下,集体食堂成为20世纪50年代末南京组织居住组团的重要元素之一。在1959年编制的《江东门居民点详细规划》中,我们可以看到,以食堂为中心,住宅建筑分成若干组布置在其周围,从而方便居民到食堂就餐,也利于召开规模较大的居民集会[4]。

4)典型案例

芦席营工人新村

芦席营工人新村,是新中国成立后南京第一个规划建设的住宅区。其于1953年建成,位于今南昌路以南、新模范马路以北、金茂大街以西的地块上,是由市政府拨款、优先安排市级劳模及各厂矿优秀工人居住的住宅区。其规划布局受到20世纪五六十年代"街坊理论"的影响,由66幢砖木结构的平房与二层楼房组成[5](图3-10)。

梅山冶金公司(9424厂)生活区

梅山冶金公司生活区是20世纪60年代建设的比较有代表性的城郊工厂生活区。大部分建在厂区东南上风向阳坡面上,以4层住宅为主,有学校、食堂、粮油店等公共设施配建。由于是在"大跃进"的背景下开始建设的,其建筑标准较低,基本采用行列式排列,道路布局也以格网为主,较少与坡地地势发生联系(图3-11)。

---

1. 惠劼,张倩,王芳.城市住区规划设计概论[M].北京:化学工业出版社,2006:16.

2. 同济大学,等.城市规划原理[M].北京:中国建筑工业出版社,1981:258.

3. 朱建达.当代国内外住宅区规划实例选编[M].北京:中国建筑工业出版社,1996:14.

4. 南京市地方志编纂委员会编.南京市志2:城乡建设[M].北京:方志出版社,2009:64.

5. 南京市地方志编纂委员会.南京城市规划志[M].南京:江苏人民出版社,2008:676.

图 3-10　1953 年芦席营工人新村总平面图（左）

图 3-11　1971 年梅山冶金公司（9424 厂）生活区总平面图（右）

3.1.4　20 世纪 80 年代的旧城改造和住宅新区

1）背景事件和规划方针策略

1978 年，南京市规划局成立，南京的城市规划和管理逐渐走向规范化。1980 年编制的《南京市城市总体规划（1981—2000 年）》于 1983 年经过国务院批准，成为首部具有法律依据的规划文件。其要求老城区的居住生活用地以改造为主，新市区则以新建为主。住宅建设反对见缝插针，提倡成街成坊分片配套建设，反对侵占绿地、操场或滨河空地。老城区以居住街坊形式为主，新市区的居住用地则按独立居住小区进行规划设计[1]。

随着"文化大革命"期间下放的 20 多万知青和干部大规模返城，一时间，住房的供应和需求严重失调，城内出现大量回城家庭搭建的棚户住房。南京城市建设开始转向解决普通市民的居住问题。1983 年，市政府公布了《加快住宅建设暂行规定》。《南京市城市总体规划（1981—2000 年）》中的近期建设规划（1980—1985 年）将重点放在住房、交通、排涝、绿化和环境保护上，目标包括"开辟和改建、扩建 20 个居住区和沿 4 条街道的住宅建筑，集中配套建设一二十万平方米住宅和相应公共设施"[2]。

1. 南京市地方志编纂委员会. 南京城市规划志 [M]. 南京：江苏人民出版社，2008: 158.

2. 南京市地方志编纂委员会编. 南京市志 2：城乡建设 [M]. 北京：方志出版社，2009: 35.

2）形态的空间分布

20世纪80年代初期，为了能充分利用老城原有的基础设施，用较少的资金解决更多人的住房需求，城市建设的方针是"以旧城改造为主，住宅建设按照改造旧城和开发新区相结合"[1]。这一时期，南京城市里的住宅建设主要以政府投资为主，从见缝插针向成街成片的改造新建发展。

在空间分布上，首先选择了老城内部、边缘带外围少量还未开发的用地，如瑞金新村、后宰门小区等，都考虑放在了拆迁量较少并有较多空地的地块上。同时，对老城实施旧城改造，采用"拆一建多"的模式，建筑形式采用多层行列式布局，相继完成了张府园、娄子巷小区、中山东路中段南侧等小区的规划和建设。此后，逐渐在老城近郊开始进行大型住宅区的开发，如锁金村、雨花新村、莫愁新寓等。为了解决下放人员的回城居住问题，市规划部门提出在近郊的南湖、安怀村等地规划一批住宅区。20世纪80年代末，南京已改造和新开发的住宅小区近百个（图3-12）。

1. 周岚，童本勤，苏则民，等. 快速现代化进程中的南京老城保护与更新[M]. 南京：东南大学出版社, 2004: 22.

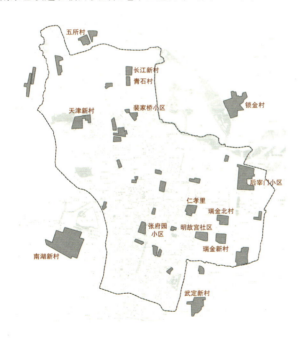

图3-12 南京20世纪80年代建设的新住宅区分布图

3）设计方法的引导

20世纪80年代，居住小区理论在我国进一步推广和发展，制定出住宅小区规划和设计指标体系，新建住区按照统一的标准进行设计与管控。其基本特征包括：居住小区由城市道路或自然界限划分；以小学的最小规

1. 朱建达. 当代国内外住宅区规划实例选编[M]. 北京：中国建筑工业出版社, 1996: 9.

2. 同济大学, 等. 城市规划原理[M]. 北京：中国建筑工业出版社, 1981: 310.

模来设定居住小区人口规模的下限，以公共设施的服务半径来控制用地规模的上限；小区内道路有独立性和封闭性，以避免将城市干道交通引入小区内部等[1]。随着住宅建设规模的进一步扩大，"居住区"概念诞生，其组织结构可采用以居住小区为基本单位、以居住生活单元为基本单位、以居住生活单元和居住小区为基本单位等多种布局形式（图 3-13）。

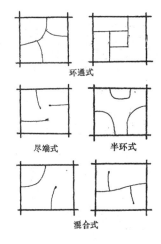

图 3-13 居住区的规划结构（左）

图 3-14 居住小区内部道路的布置形式（右）

居住区道路布局采用明确的分级，包括居住区级道路、居住小区级道路、居住生活单元级道路和宅前小路，并根据等级规定路宽与主要职能；不鼓励过境交通穿越居住小区，道路形态通常采用环通式、半环式、尽端式、混合式，如图 3-14 所示；小区内部以丁字路口居多，不鼓励道路的相互连接；认为正方形街坊或居住小区较长方形更经济，并鼓励采用尽端式道路[2]。公共建筑的配置，也分居住区级、居住小区级与居住生活单元级三个等级，根据公共建筑的定额指标即千人指标配置，控制引导其服务半径和公共设施类型（图 3-15）。

图 3-15 小区级公共建筑定额指标（1980 年国家建委提出）

系统	序号	项目	一般规模		千人指标			备注
			建筑面积（m²/处）	用地面积（m²/处）	数量（辆）	建筑面积（m²/处）	用地面积（m²/处）	
商业、饮食服务	7	粮店	250~300			37.5~45		兼营切面。两个小区设三处，每处服务 1500~2000 户
	8	煤店	50~60	350~400		2.5~3	20~25	两个小区设一处。另需设堆放筒棚 100~150m²
	9	基层商店	250			75		经营小百货、小副食、肉菜等
	10	百货店	250~300			25~30		
	11	副食店	450~550			45~55		经营副食、食品及干、鲜果品应设置相应的后院
	12	菜店	300~500	800~900		30~50	80~90	兼营鱼、肉应设置相应的后院
	13	饮食店	200~300			60~80		
	14	理发店	100~120			10~12		
	15	小修门市部	80			8		经营修鞋、黑白铁修补和自行车修
	16	综合服务站				15~20		包括拆洗组、缝纫组和牛奶站等，可分散设置
	17	自行车棚	190~260		95~190	76~152		为 4 层以上住户服务，1.5 辆/户，0.8m²/辆
	18	物资回收站	50	100		5	10	

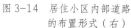

在以上规划设计方法的引导下，我国的住区建设由分散建设向成片建设、统一综合开发的方向发展。国家提出"统一规划、统一投资、统一拆迁、统一施工、统一分配、统一管理"的住宅建设六统一原则，缓解居民住房紧张的状况，并注意各种基本生活设施的配套建设。"七五"计划期间（1986—1990年），中华人民共和国建设部在全国选定了天津川府新村、无锡沁园新村、济南燕子山实验住宅三个小区作为第一批试点在全国推广[1]。1981年，南京市规划局组织了小区规划设计竞赛。以锁金村小区等为代表，南京的住宅小区规划逐渐走上正轨。

1. 惠劼,张倩,王芳. 城市住区规划设计概论[M]. 北京：化学工业出版社，2006: 28.

2. 南京市地方志编纂委员会. 南京城市规划志[M]. 南京：江苏人民出版社，2008: 689.

3. 南京市地方志编纂委员会. 南京城市规划志[M]. 南京：江苏人民出版社，2008: 691.

4）典型案例

旧城改造型：张府园小区

位于南京老城中部、城市密集区的张府园小区，是原址改造的典型项目。小区规划用地约 7 hm²，其中保留建筑用地约 1 hm²，是建邺区老城改造项目中规模最大的案例。规划保留了原三元巷、富民坊、张府园（东西向段）的街巷，并将其拓宽。同时，将原本宽 2 m 的张府园（南北向段）向北延伸至三元巷，并将其路幅拓宽为 7 m（图 3-16）[2]。

旧城改造型：中山东路改造片

中山东路改造片位于南京老城中部、南唐都城范围内，占地约 10 hm²。改造共拆迁 1800 多户。规划清理了周边公共设施。新建住宅楼由条、点式组成，均为 7 层。改造片内取消了德厚里、四条巷、英威街、顺德里、普华巷等，保留并拓宽了头条巷、二条巷和三条巷，原路幅宽度为 7 m 的长白街被拓宽为 20 m（图 3-17）[3]。

图 3-16 1985年张府园小区规划总平面图（左）

图 3-17 1985年中山东路老城改造规划图（右）

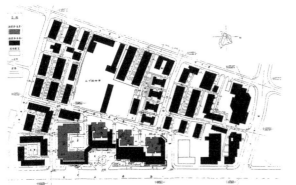
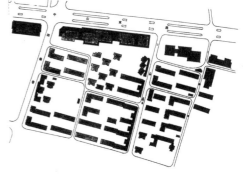

新住区开发型：后宰门小区

后宰门小区是南京第一个按居住小区标准规划和建设的住宅区，由南京市规划局规划，由 1980 年成立的后宰门住宅区联合建设办公室统一负责拆迁、设计、施工等工作。按照当时的居住局规划理论和标准，其在道路布局上有较为明确的道路等级概念，根据人口规模配建公共建筑、绿化、市政设施。公共建筑按照小区和居委会两级配置，包括商场、菜场、学校，以及粮站、邮局、餐饮等服务设施（图 3-18）。

图 3-18　1979 年后宰门小区规划总平面

新住区开发型：南湖新村

为了安置"文化大革命"期间下放回宁的居民，20 世纪 80 年代初期，市政府征用了明城墙以外、南京老城西侧的约 60 hm² 土地，在原农田和水塘上全新规划建设南湖新村。南湖新村成为当时全省规模最大的住宅区。南湖新村按照居住区规划理论设计，住宅分为 20 个组团。公共建筑按居住区级设置，采取集中与分散相结合模式，配建有中小学、幼儿园、文化馆、菜场、商业网点等。规划道路分为五个宽度等级：入口主干道宽 20 m，次干道分为 12 m、7 m、3.5 m 三种，进入住宅单元的道路宽 2 m[1]。

新住区开发型：莫愁新寓

莫愁新寓位于南京明城墙外、老城以西，是南京第一个按招投标方式进行设计和建造的住宅小区。小区分为四个居住组团和一个公共服务中心（图 3-19、图 3-20）。公共服务设施按照"大集中、小分散"的原则，分两级配置。商业中心和文化中心位于小区东南角成片布置，居委会和基层商店则分散在居住组团中。

1. 南京市地方志编纂委员会. 南京城市规划志 [M]. 南京：江苏人民出版社，2008: 686.

图 3-19　1985 年南湖居住区（一期）总平面图（左）

图 3-20　莫愁新寓的规划结构示意图（右）

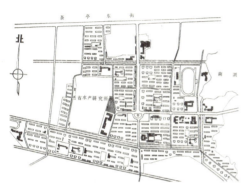
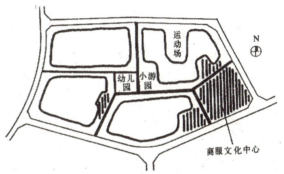

新住区开发型：龙江居住区

位于南京老城护城河以外的龙江居住区，占地约 80 hm²，规划建设于 20 世纪 80 年代末 90 年代初，初期为单位分房，根据居住区规划指标配置了公建设施、绿地广场等。居住区道路由外环城市干道与内部道路组成，采用人工曲线的形式，"顺而不畅"。区内道路等级分明：居住区级道路红线宽度为 24 m，小区级道路宽 12 m，组团级道路宽 7 m，宅间小路宽 2.5 m（图 3-21）。

图 3-21　1991 年的龙江居住区总平面（下）

3.1.5　20 世纪 90 年代至 21 世纪初的新城建设

1）背景事件和规划方针策略

随着计划经济向市场经济的转型，20 世纪 90 年代开始逐步改变了单位福利分房制度，推行住房制度改革。

1. 南京市地方志编纂委员会编.南京市志 2：城乡建设 [M]. 北京：方志出版社, 2009: 647.

2. 南京市地方志编纂委员会. 南京城市规划志 [M]. 南京：江苏人民出版社, 2008: 673.

3. 指调整城市用地结构，减少第二产业的用地比重，增加第三产业用地。

4. 周岚，童本勤，苏则民，等. 快速现代化进程中的南京老城保护与更新 [M]. 南京：东南大学出版社, 2004: 24.

南京市从建设"解困房"及"安居房"开始，在"政府扶持、单位补贴、个人购买"的政策下将住房低价出售给中低收入家庭。1992 年起，南京市实施公有住房制度改革，并通过发补贴、建立公积金等措施推行改革。1995 年，公房开始出售；1997 年，福利分房停止；1998 年，住房实物分配停止；1999 年，已购的公有住房允许上市销售[1]。随着住房作为商品进入流通领域，房地产市场迅猛发展，住区建设也由政府统一规划建设逐渐转变为政府和开发商共同参与的模式。

1992 年完成的《南京城市总体规划（1991—2010 年）》于 1995 年获得国务院批准，提出"城市建设应有计划地逐步向外围城镇转移""集中建设河西新区，调整改造旧城""在旧城的规划中心区，一般不再安排住宅建设，鼓励房地产企业到新区开发建设功能齐全、设施配套的居住小区"[2]。本着"老城做减法，新区做加法"的指导思路，伴随着土地有偿使用制度的实施，老城内开始推行"退二进三"[3] 策略，工业用地开始逐步向住宅用地和第三产业用地转化。1990—1998 年间，南京主城共搬迁污染企业 141 家，置换开发建设用地约 3 km²。其中，用于第三产业和住房建设的用地占比为 73% 以上[4]。

2000 年修订的《南京市城市总体规划（1991—2010 年）局部调整》于 2001 年通过市人大常委会讨论并获得中华人民共和国建设部批复，其强调宏观的战略思考，将南京城市建设归纳为"一疏散，三集中"，近期重点实施"一城三区（河西新城区，仙林、东山、浦口三个新市区）"

图 3-22 河西新城区总体规划总平面图

建设。南京也真正跳出明城墙的限制，形成多核的发展格局。河西地区作为南京主城范围内的新城区，以中华人民共和国第十届全国运动会场馆主会场落户新城区中部为契机，以形成居住与就业相平衡、各项设施配套完善的综合性片区为目标，全面启动规划建设。2002年，南京河西新区建设指挥部成立，具体指导和管理河西新城区的规划建设，并联合市规划局等组织了《南京市河西新城区概念规划》《南京市河西新城区总体规划》（图3-22）等的设计和编制工作。

1. 南京市地方志编纂委员会. 南京市志2：城乡建设[M]. 北京：方志出版社，2009: 37.

2）形态的空间分布

1995年批准的《南京城市总体规划（1991—2010年）》中的近期建设规划（1991—1995年）提出，近期建设的重点是"加快主城中心区的用地结构调整；集中力量开发河西新区，加快城市住宅建设步伐"。1998年编制的《南京市近期建设规划（1999—2001年）》提出"采取集中成片的综合开发方式，在河西、城南、城东等地建设若干大型现代化生活园区"。"基本改变住宅建设分散无序的现状，新开工住宅项目尽量按居住区、居住小区规模集中拨地，推动形成功能完善、配套齐全、环境优美的精品小区。"[1] 以河西新城区的中保新区、兴隆新区，老城南部的宁南新区，老城东部的长巷新区，以及老城东北部的黑墨营新区为代表的新区建设全面展开。为了加速河西新区的发展，规划部门在完成中保、典雅居、积善等157 hm² 住宅小区用地规划设计的基础上，又于1999年完成了金陵世纪园、

图 3-23　1990年南京主城近期建设规划图中的居住用地分布情况（左）（图中黑色区域表示）

图 3-24　1998年《南京市城市近期建设规划（1999—2001年）》的居住区规划图（右）

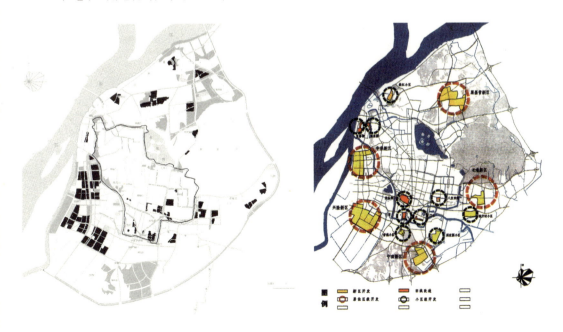

1. 南京市地方志编纂委员会. 南京城市规划志 [M]. 南京：江苏人民出版社, 2008: 767.

月安等 79 hm² 住宅用地的选址工作[1]（图 3-23、图 3-24）。

2002 年编制的《南京市近期建设规划（2003—2007 年）》主张"按照老城逐步改善、新区提高标准的原则，主城新增居住用地 6 km²，其中河西 4 km²"。2002 年底编制的《南京市河西新城区总体规划》将河西新城区分为北部、中部和南部三个功能区，北部以居住区和科技园区为主，中部形成新区中心、中高档居住区、滨江休闲地与都市产业园，南部是高标准居住区，预留文化、体育、休闲建设设施等用地。以河西新城区北部的中保新区、中部的兴隆新区为代表的集中居住片区吸引了各色楼盘陆续落户。

3）设计规范的出台和设计导则的引导

1993 年，中华人民共和国建设部批准的强制性国家标准《城市居住区规划设计规范》（GB 50180-93）于 1994 年 2 月 1 日起实施，2002 年又进行了局部修订。1995 年，我国启动"2000 年小康型城乡住宅科技产业工程"，国家科委、建设部联合颁布了《2000 年小康型城乡住宅科技产业工程城市示范小区规划设计导则》。它们作为导向性文件，对我国的住区规划设计进行了规范和引导。《城市居住区规划设计规范》（GB 50180-93）中提出的根据户数和人口规模进行居住区、小区和组团三级规划控制，与 20 世纪 80 年代的居住区规划方法一脉相承。公共服务设施按照千人指标和服务半径分级配置，居住区道路也是通过设置道路等级来定义宽度和主要功能。

此外，随着 20 世纪 90 年代对现代主义城市用地功能简单分区的批评，人们开始认识到城市用地应是综合的，"居住综合区"的概念被提出。南京河西新城区按照居住、商业服务、行政办公等相结合的综合性新城区的标准来开发建设，强调城市功能的混合及居住和工作用地的平衡，以减轻上下班交通压力，并促进城市空间的丰富多样。

4）典型案例

月牙湖居住区（苜蓿园居住区）

位于南京老城东部的苜蓿园地区是 20 世纪 90 年代重点规划建设的

大型居住区之一。它采用了与以往不同的建设模式：在完成控制性详细规划的基础上，由国土局下属的南京地产发展公司完成征地、拆迁、城市基础设施建设等任务，修建该地区的主次道路结构网络。然后，将建设用地出让给若干家房地产开发公司。1994 年初，仁恒开发公司在该地区规划设计了第一批住宅。到 1997 年初为止，已有兴隆房产公司等多家房地产开发公司在此进行开发，先后建设了月牙湖花园、梅花山庄、紫金城、富丽山庄、海月花园等居住小区和组团。1997 年，市政府对该地区进行了进一步整体规划和建设调整。1999 年，百万平方米的月牙湖居住区建成。其中，月牙湖花园住宅小区被中华人民共和国建设部、科技部授予"全国小康住宅示范小区"金牌。

河西新城区的典型居住街区组团案例

随着房地产市场的蓬勃发展，河西新城的大部分居住街区组团都采用了这样的开发策略：采用层级格网形式的道路布局，统一规划建设到支路层级，然后将建设用地出让给房地产公司进行居住小区开发建设。由于开发商常采用门禁小区的模式将地块用栏杆或围墙圈起，关注自己地块内部的用地与空间，较易形成相邻的居住小区各自为政、地块出入

表 3-3 河西新城区典型地段的街道布局形态

案例名称	银城街区组团 （中保地区）	华山路街区组团 （兴隆地区）	新安江街区组团 （奥体以南居住片区）
街道的 布局形态			
门禁小区内部 主要道路			

口和内部道路互不连通的状态。表 3-3 呈现了河西新城区中几个典型居住街区组团的街道与门禁小区内部道路的布局形态。

3.2 形态类型的塑造过程

为了能够更加深刻地理解街道形态的特征与规律，本节尝试对复杂多样的城市形态进行解析，提取形态要素，归纳基本形态类型。除了解析每种形态类型中各城市要素的特征与相互关系外，本节也将追溯相关设计和管理方法，从而展示自上而下的管控对邻里街道布局形态的塑造过程。

3.2.1 形态类型的时空分布

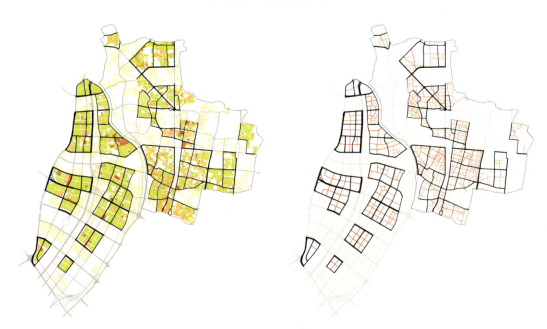

图 3-25 南京老城及河西新城区以居住为主要功能的街区组团分布状况（左）

图 3-26 居住街区组团中的邻里街道布局形态统揽（图中黑色表示城市干道，红色表示邻里街道）（右）

图 3-25、图 3-26 展示了南京老城与河西新城以居住为主要功能的街区组团中邻里街道的布局形态。总体来看，综合时间、空间、形态特点等因素，可以将其归纳为以下 6 种基本类型：A 传统老街巷型、B 民国住区规划型、C 老城内部改造型、D 20 世纪 80 到 90 年代的居住区建设型、E 老城边缘改造型、F 新城区居住开发型。表 3-4 归纳了以上形态类型及其典型案例的时空分布规律，图 3-27 则呈现了这些典型案例在南京城市版图中的位置。

表 3-4　邻里街道布局的形态类型及其典型案例的时空分布

时间轴/空间轴	边缘带以内	边缘带上	边缘带以外
明清时期 （1919年以前）	A 传统老街巷型 （A 01 钓鱼台、A 02 转龙巷、A 03 绒庄新村街区组团）		
民国时期 （1912—1949年）			B 民国住区规划型 （B 01 颐和路、B 02 仙霞路街区组团）
20世纪 50—70年代	C 老城内部改造型 （C 01 一枝园—网巾市、C 02 三条巷—五老村、C 03 申家巷—马府街街区组团）		
20世纪 80—90年代			D 20世纪80—90年代的居住区建设型 （D 01 南湖、D 02 富贵山—北安门、D03 龙江小区街区组团）
20世纪 90年代以后		E 老城边缘改造型 （E01 南昌路、E02 八宝前街、E03 大阳沟街区组团）	F 新城区居住开发型 （F 01 银城街、F 02 华山路、F 03 新安江街街区组团）

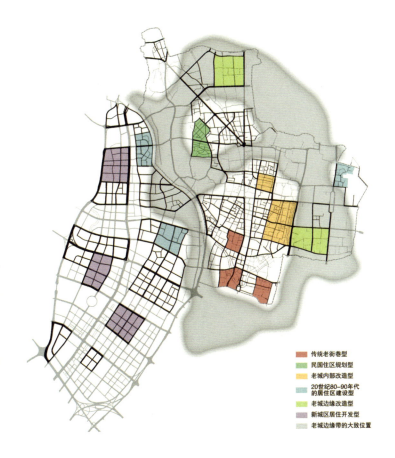

图 3-27　邻里街道布局形态类型的典型案例在南京城市版图中的位置

3.2.2 传统老街巷型

街廊和街道
（1 km×1 km）

地块划分
（500 m×500 m）

建筑占据
（250 m×250 m）

图 3-28 "传统老街巷型"典型街区组团的街道布局、地块划分、建筑平面布局

"传统老街巷型"街巷形态类型在明清时期就已基本形成，主要存在于传统民居街区组团里。图 3-28 展现了"传统老街巷型"典型街区组团中的街道布局、地块划分与建筑平面布局。

1）建筑形态与更新方式

南京传统老街巷中的民宅多为一到两间或两到三间平房，富户则为重院式，可达三开间三进深甚至七进深，由防火墙分隔。现存的传统老街巷民宅除个别为明代遗存以外，多为晚清所建。由于建筑形制与建造方式的限制，民居建筑的开间与进深较为统一。据《明史·舆服志》载，普通百姓居宅的规定为"庶民庐舍，洪武二十六年定制，不过三间五架"[1]。在这样的规则控制下，南京明清时期的民宅呈现多进小院落的特点，从整体形态上看，建筑肌理是基本一致的。

2）地块划分与功能

明初，朱元璋将南京原居民迁至云南，并从江淮一带调集大量工匠和富户移居南京，使得南京人口迅速增至上百万人。为了统一管理，各行业的匠户按行业分坊聚居。当时的手工业多为家庭手工业模式，从而形成了包含小商业、手工业作坊与居住区的混合街区。封建社会以家庭为单位的生产经营模式，使得宅基地成为基本建设单元，临街面通常首先被密集占据，并进一步向纵深方向发展。因此，狭长形的地块以窄面宽、深进深的方式沿街道或河道排列。官员宅所与普通百姓的居所形态都受到明确的等级限制，并由官方拨给相应的土地。因此，民宅密集区的沿

1. 薛冰. 南京城市史[M]. 南京：南京出版社，2008: 68-70.

街宅基地宽度也趋于一致,形成较为规则的肌理。

1. 苏则民. 南京城市规划史稿:古代篇·近代篇[M]. 北京:中国建筑工业出版社,2008:314.

3)街道布局

该类型街区的街道有相当一部分在方向上与南唐城市轴线相呼应,局部地段也会受到自然山水的制约而发生扭转变形;街道密度较高,平均每个街区不到 1 hm²;在几何构型上属于"有机生成型",没有明确的几何形式。街巷空间在日积月累的更替下产生,是公与私相互博弈的产物。街道两侧的建设活动也有较强的自发性,街道界面参差不齐,街巷宽度窄的地方仅为1~2 m,宽的地方为6~7 m,并会出现局部放大的公共空间。这种时宽时窄、参差不齐的状态,是民居建筑与街道空间相互挤压的结果,即所谓的"侵街"现象。明初编纂的《大明律》中关于"侵占街道"的条款就体现了这种博弈:"凡侵占街巷道路而起盖房屋及为园圃者,杖六十,各令复旧。"[1]从中可以窥见这种街巷形态的生成过程。

4)交通组织方式

由于街巷宽度较窄,在机动交通出现以前,其交通一般依靠步行或人力交通。目前,这样的街区组团的交通仍以步行为主,可容纳自行车和摩托车进入。

5)街道界面形成的方式

街道一般呈东西向或平行于河道,且为宅院的入口方向,破墙开店现象多有发生;而南北向则多为巷,由高大的防火墙限定界面。人流较密集的街道上或者交通要口处常出现前店后宅,组成小商业街道界面(图3-29)。

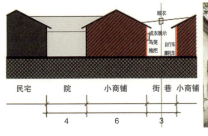 

图3-29 "传统老街巷型"中街道界面的形成方式(右图于2010年10月摄于钓鱼台街区组团饮马巷)

表 3-5 呈现了 3 个典型案例的同比例航拍图、街巷布局形态，以及居住用地分布。A 01 钓鱼台街区组团位于中华门以西地段，20 世纪 90 年代建设的中山南路南段从其中部穿过，将其切割为两半。街区组团内除北部部分地块被多层住宅区更替外，基本保留明清老民居街巷肌理状态。A 02 转龙巷街区组团位于中华门以东地段，街区组团中相当一部分建筑和街巷肌理已经被更替，只能将留存至今的老街巷肌理斑块抽取出来进行观察和读取。A 03 绒庄新村街区组团东南角为甘熙故居，现已作为旅游景点向公众开放。街区组团中北部用地已被置换为现代住宅小区，仅留中部和南部部分街区保持着传统老街巷肌理。

表 3-5 "传统老街巷型"街区组团的典型案例

案例编号	A 01	A 02	A 03
案例名称	钓鱼台街区组团	转龙巷街区组团	绒庄新村街区组团
航拍图（1 km × 1 km）			
公众可通行街巷的布局形态（基于 2011 年的田野调查）			
《老城控详》中对现状居住用地的定义			

3.2.3 民国住区规划型

"民国住区规划型"邻里街道形态类型主要位于南京老城西北部,是民国时期跳出原城市建设密集区而全新规划和建设的住宅区。图 3-30 展现了"民国住区规划型"典型街区组团中的街道布局、地块划分与建筑平面布局。

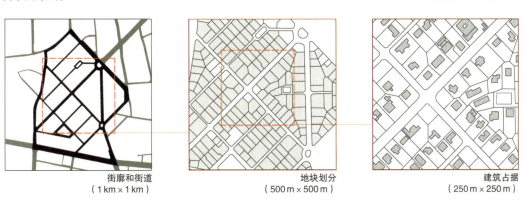

图 3-30 "民国住区规划型"典型街区组团的街道布局、地块划分、建筑平面布局

街廓和街道（1 km×1 km）　地块划分（500 m×500 m）　建筑占据（250 m×250 m）

1）街道布局方式

在引入西方城市规划矩形格网、放射形等道路布局形式的同时,《首都计划》还对新建住宅区的道路设计进行了如下的引导:"各路之规划,虽大体上使各地段成长方形,而亦间以半径颇长之弧线,使具美观。又城西北部之住宅区域,岗陵起伏,所有街道,更循原有山谷,划分优美而饶有变化之路线。"[1] 因此,颐和路街区组团由于地处平缓之地,采用了平直的格网形态,街道方向与民国城市轴线中山北路的方向一致,与正南北方向呈 45°角。而仙霞路街区组团则为了适应起伏的地势,采用放射路网和弧线形式,从而形成优美的街道景观。在街道宽度上,B 01 颐和路街区组团主要为 18 m 和 8 m,B 02 仙霞路街区组团以 12 m 为主。

2）地块划分方式

为了便于民国新贵们购买宅基地自建花园别墅,规划以较窄面宽、较长进深的方式沿街道划分地块。每个街区在宽度上须容纳两个地块背对背相接,从而使得每个地块至少有一个面直接邻接街道。因此,街区宽度基本一致,街区长度则弹性较大。颐和路街区组团里"每地段面积

1.（民国）国都设计技术专员办事处. 首都计划 [M]. 南京：南京出版社, 2006: 69.

1. (民国)国都设计技术专员办事处. 首都计划[M]. 南京: 南京出版社, 2006: 241-244.

（即地块面积）至少须有五百四十方公尺（540 m²），其最窄之宽度须有十八公尺（18 m）"[1]（图3-31）。

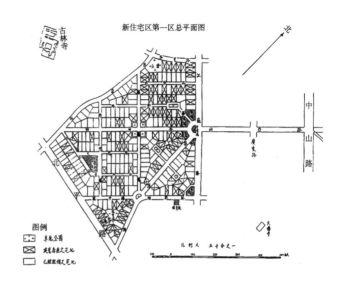

图3-31　颐和路公馆区宅基地划分图

3）建筑占据地块的方式

街区内建筑形态的形成，同时受到《南京市新住宅区建筑规则》与《首都计划》中《首都分区条例草案》的限定。《首都分区条例草案》借鉴了美国的区划制度，具有控制性详细规划的雏形。它对城市土地分区管理，规定了允许的土地使用性质、建筑高度、密度等内容。例如，按照取缔严格程度的等级，划分了住宅区，对每类住宅区给予允许容纳的功能、旁院宽度、前后院深度、建筑密度、建筑高度等量的控制。在第一住宅

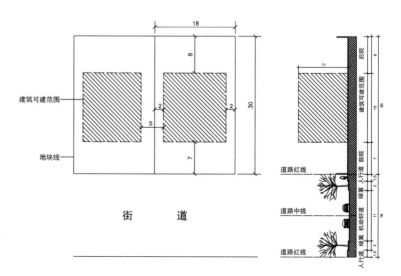

图3-32　《首都分区条例草案》中对第一住宅区内建筑形态的控制

区内,"屋宇高度不得逾三层楼,或十一公尺,或所在街之宽度,就中取其最低之一项以为限制","屋宇及附屋之总面积不得超过该地段面积十分之四"[1]。图3-32呈现了《首都分区条例草案》控制下第一住宅区(颐和路街区组团)内建筑的可建设范围。此外,《南京市新住宅区建筑规则》的有关规定也对住宅建筑形态形成一定影响,如"住宅楼房不超过两层,屋脊顶高不超过地平线13m,围墙高2.5m"等。在以上规则的明确控制和管理下,颐和路街区组团内的建筑以相似的方式占据地块,形成较为一致的建筑肌理形态。每户由院墙限定宅基地范围,须留出一定的前院、后院和边院,且建筑密度相似。

1. (民国)国都设计技术专员办事处.首都计划[M].南京:南京出版社,2006:241-244.

2. 同1

4)交通组织方式

颐和路街区组团由于定位为独户独院的私家住宅区,居住人群为富裕的权贵人士,私家车能够方便地为每个地块服务,所有街道均为双向双车道,每个地块临街有车行出入口。

5)街道界面形成的方式

街道"由两边之地产界限起计,宽十八公尺(18m)。备有此充足之宽度,货车及救活机之往来,可以了无窒碍。路旁并须铺草植树,以增景致"[2]。由于住宅建筑基本都是以独栋形式置于地块中部,街道界面均由实体院墙构成,街区组团内所有街道均呈统一的外观,不易辨识。因此,此地也成为南京最易迷路的地段之一(图3-33)。

图3-33 "民国住区规划型"中街道界面的形成方式(右图于2010年10月摄于颐和路街区组团牯岭路)

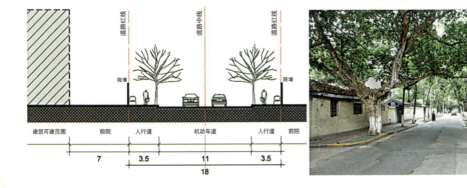

表3-6呈现了"民国住区规划型"典型案例的同比例航拍图、街巷布局形态,以及居住用地分布。B 01颐和路街区组团占地约35 hm²,多

为独户独院、样式各异的小洋楼。1932年，首都建设委员会在《首都分区规划草案》中提出建设第一住宅区及新建建筑物的若干规定。随后，被称为"新住宅区第一区"的颐和路公馆区开始建设，由"上层人士"和"民国新贵"价领宅基地自建花园住宅。B 02仙霞路街区组团占地约$36\,hm^2$，街道按规划完成，后由于抗日战争爆发，建筑仅少数动工。

表3-6 "民国住区规划型"街区组团的典型案例

案例编号	B 01	B 02
案例名称	颐和路街区组团	仙霞路街区组团
航拍图（1 km×1 km）		
公众可通行街道的布局形态（基于2011年的田野调查）		
《老城控详》中对现状居住用地的定义		

3.2.4 老城内部改造型

"老城内部改造型"是中华人民共和国成立后在原"传统老街巷型"基础上改造而成的邻里街道形态类型，图3-34展现了"老城内部改造型"典型街区组团中的街道布局、地块划分与建筑平面布局。

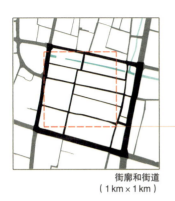  

街廓和街道　　　　　　　　　　地块划分　　　　　　　　　　建筑占据
（1km×1km）　　　　　　　　（500m×500m）　　　　　　　（250m×250m）

图 3-34 "老城内部改造型"典型街区组团的街道布局、地块划分、建筑平面布局

1）街道布局方式

"老城内部改造型"典型街区组团中的街道以"传统老街巷型"为肌底，通过局部地块合并，以及一些街巷拓宽改造而成。街道方向大多与六朝或南唐时期的城市轴线方向相呼应。街道密度比"传统老街巷型"略稀疏，街区的平均长度在 100～150m 之间。街道几何构型属于"纵横穿插型"，街道宽度以 6～7m 为主，可容纳机动车辆缓慢通过，主要街道为人车混行。

2）地块划分方式

由于其地块构成方式大多是在城市更新过程中"见缝插针"地植入住宅小区、单位或其他功能区，因此地块规模不大。街区组团内用地性质高度混合，呈现 R2、R3、R4 类用地与城市公共设施相拼贴的状态，地块边界形状也较为破碎。

3）建筑形态

居住建筑以六到七层的行列式住宅楼为主。受到朝向、日照间距等因素的制约，建筑肌理趋于统一。沿街住宅楼底层破墙开店的现象非常普遍，形成连续的小商铺界面。

4）交通组织方式

街道多人车混行，但机动车只能缓慢通过，以步行和自行车为主。对于一些由原街巷拓宽改造而成的街道，街道空间中常常会留有成排的树木。这些树木有的成为机动车道与人行道的分隔带，如碑亭巷；有的则将街道分为有高差的两层路面，如吉兆营（图3-35）。而树下常常成为居民休息或者玩耍的场所。

图3-35 被成排树木划分的街道空间（左图为碑亭巷，右图为吉兆营）

5）街道界面形成的方式

街道界面主要有两种形式：一种由栏杆院墙围合形成，另一种则在住宅楼底层破墙开店形成（图3-36）。这种由居民自发改造形成的小商业界面提供着应有尽有的生活服务，买菜、餐饮、理发等日常生活所需均可在街区组团内部解决。除街道外，一些居住小区内部路也可供公众穿行。小区内部的多层住宅同样自发破墙开店，与外部城市街道连为一体，形成连续的公共界面。

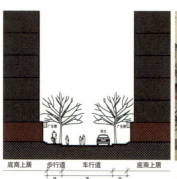

图3-36 "老城内部改造型"中街道界面的形成方式（右图于2010年11月摄于如意里）

表3-7呈现了"老城内部改造型"典型案例的同比例航拍图、街巷布局形态现状、居住用地分布，及历史地图。从历史地图与街道布局形态现状的对比中可以看出，1927年，这些街区内尚有未被开发的水塘等零散空间，但街道肌理已经大致形成。1976年与现状相比，街道布局形态变化很小，仅局部地块被合并，街道密度略有降低，但建筑肌理几乎被完全更替。

表 3-7 "老城内部改造型"街区组团的典型案例

案例编号	C 01	C 02	C 03
案例名称	一枝园—网巾市街区组团	三条巷—五老村街区组团	申家巷—马府街巷街区组团
航拍图（1 km×1 km）			
公众可通行街巷的布局形态（基于2011年的田野调查）			
《老城控详》中对现状居住用地的定义			
截取自1927年地图 NANKING			
截取自1976年南京航拍图			

3.2.5　20 世纪 80—90 年代的居住区建设型

图 3-37　"20 世纪 80—90 年代的居住区建设型"典型街区组团的街道布局、地块划分、建筑平面布局

"20 世纪 80—90 年代的居住区建设型"街道形态类型可见位于 1980 年以后南京老城边缘带外围由政府统一规划建设的大型居住区。图 3-37 展现了 "20 世纪 80—90 年代的居住区建设型" 典型街区组团中的街道布局、地块划分与建筑平面布局。

街廊和街道　　　　　地块划分　　　　　建筑占据
（1 km × 1 km）　　（500 m × 500 m）　（250 m × 250 m）

1）道路布局方式

街道布局以政府投资为主，在统一成片开发的背景下形成，以缓解当时住房紧张的状况。新建住区均按照居住区理论进行规划设计，街道布局采用明确的四等分级：居住区道路、居住小区道路、居住生活单元级道路和宅前小路，并由此定义道路的宽度与其承载的交通通行方式。在几何构型方式上，引入人工曲线等形式，形成通而不畅的居住区内部路，不鼓励外部车流穿行，营造安全宁静的住区内部环境。

2）地块划分方式

采用居住区、居住小区、居住生活单元的层级概念来组织住区结构，各类用地规模与比例均依照相关的指标体系。有明确的各类公共服务设施用地、公共绿地配建，根据千人指标定量，并满足服务半径的要求。

3）建筑形态

住宅建筑以多层行列式为主。受到建筑朝向、日照间距、退让道路距离等因素的制约，形成的建筑肌理较为统一。以南京龙江花园城为例，

大部分居住建筑均为六层板式单元住宅,不同居住组团则通过建筑外表面颜色来进行区分。

4)交通组织方式

居住区道路、小区道路、居住生活单元级道路承载的机动交通量和通行速度逐层降低,宅间小路一般不供机动车通行。居住区和小区道路一般为人车分流,居住生活单元级道路为人车混行。

5)街道界面形成的方式

建设初期,大部分街道界面以栏杆院墙为主。在后续的持续使用过程中,多层住宅建筑底层被居民自发改造为小商铺的现象非常普遍,并且一些街道上形成了连续的小商业界面(图3-38)。

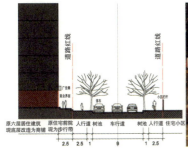 

图3-38 "20世纪80—90年代的居住区建设型"中街道界面的形成方式(右图于2010年11月摄于龙江花园城北片龙园中路)

表3-8呈现了"20世纪80—90年代的居住区建设型"典型案例的同比例航拍图街巷布局形态,以及现状用地性质。D 01南湖街区组团位于南京老城以西、明城墙以外,建设于20世纪80年代初。D 03龙江小区街区组团规划建设于20世纪80年代末90年代初,城市主干道草场门大街从其中部穿过将其分为南北两个片区。

表 3-8 "20 世纪 80—90 年代的居住区建设型"街区组团的典型案例

案例编号	D 01	D 02	D 03
案例名称	南湖街区组团	富贵山—北安门街区组团	龙江小区街区组团
航拍图（1 km×1 km）			
公众可通行街道的布局形态（基于 2011 年的田野调查）			
现状用地性质			

3.2.6 老城边缘改造型

"老城边缘改造型"位于南京老城的边缘带上，原为城市建设稀疏区的工厂、农场等用地，随着城市规模扩张和人口增长，居住用地逐步植入。特别是在 20 世纪 90 年代以后南京老城"退二进三"的改造策略下，工厂逐步向城市外围搬迁，新居住小区大量更替原工业等用地。因此，该形态类型以地块单元逐步更新为特点，呈现不同年代开发和建设的居住小区拼贴的状态。图 3-39 展现了"老城边缘改造型"典型街区组团中的街道布局、地块划分与建筑平面布局。

图 3-39 "老城边缘改造型"典型街区组团的街道布局、地块划分、建筑平面布局

1）街道布局方式

由于原多为工厂单位大院、高校大院、军区大院等，南京老城边缘带上的用地呈现大街区、大地块的特点，街道密度很低。"退二进三"政策要求工厂搬迁、植入居住功能区后，当代门禁居住小区模式与大格网街道布局不谋而合，因此保持着粗放稀疏的公共道路格局，道路间距通常为 200 m 以上。居住小区由栏杆与门禁围合而成，街区内部成为公众认知的盲区。

2）地块划分与更新方式

在城市用地调整过程中，地块更新的方式逐步形成。一个街区被简单地划分为两到三个大地块，地块与地块之间通过院墙相隔，有的甚至一个街区即为一个地块。每个地块内部有各自的私有道路，与城市相接的位置设有门禁。

3）建筑形态

随着地块的逐步更新，不同时代的居住建筑肌理也被逐步植入，从多层行列式到小高层、高层，呈现多种住宅建筑肌理拼贴的状态。

4）街道界面形成的方式

城市层级的支路一般为双向四车道，以栏杆围墙界面为主。老居住小区沿街界面，自发改造形成底商上居的现象较为普遍。

表 3-9 呈现了"老城边缘改造型"典型案例的同比例航拍图、街巷布局形态、居住用地的分布，及历史地图。1952 年，E 01 南昌路街区组团的西南地块修建了南京第一个工人新村——芦席营工人新村。从 1962 年和 1992 年的地图中可以看到，以南京汽车制造厂为代表，街区组团的东侧和北侧以大片的工厂用地为主，现已被置换成为居住和商业用地，如 1990—2000 年间的紫竹林小区、2000 年以后的天正湖滨和凤凰和鸣等。E 02 八宝前街街区组团北部地段在民国时期为明故宫飞机场，新中国成立后为金陵机械厂农场用地；南部地段在 20 世纪 90 年代也有较大面积的工厂用地，现已转变为以居住用地为主的地段，包括 1990—2000 年之间的大光里小区、2000 年以后建设的金陵尚府和瑞鑫兰庭等。E 03 大阳沟街区组团北部原为金陵机械厂农场用地，南部在 20 世纪 80 年代也有包括冶金工业局、仪表机械厂在内的部分工厂用地，现已基本转变为居住相关用地，包括 80 年代建设的瑞金新村、1990—2000 年之间的瑞阳小区、2000 年以后的银城御道家园等。

表 3-9 "老城边缘改造型"街区组团的典型案例

案例编号	E 01	E 02	E 03
案例名称	南昌路街区组团	八宝前街街区组团	大阳沟街区组团
航拍图 （1 km×1 km）			
公众可通行街道的布局形态 （基于 2011 年的田野调查）			

（续表）

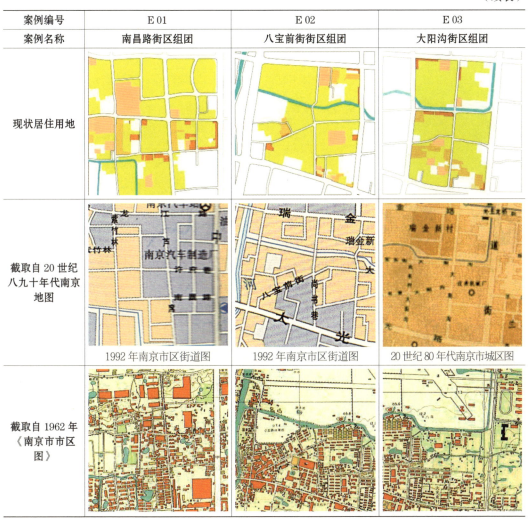

3.2.7 新城区居住开发型

"新城区居住开发型"是 20 世纪 90 年代以后在土地有偿使用、住宅商品化的背景下，由政府统一规划建设到城市支路层级而街区内部则出让给开发商建设形成的，并成为南京河西新城区北部与中部主要的街道布局形态。图 3-40 展现了"新城区居住开发型"典型街区组团中的街道布局、地块划分与建筑平面布局。

| 街廊和街道 | 地块划分 | 建筑占据 |
| (1km×1km) | (500m×500m) | (250m×250m) |

图 3-40 "新城区居住开发型"典型街区组团的街道布局、地块划分、建筑平面布局

1) 街道布局方式

均衡格网式街道布局,在大片新区开发时具有简单高效、易于实施的特点,同时也体现了土地的划分公平均等、利于出售。路网设计依照主干道、次干道、支路的层级定义,道路红线宽度与密度均须遵循相应等级要求,以机动车的通行速度与流量为主导。被城市道路划分的街区,平均边长在 250m 以上,往往整体出让给开发商进行住宅小区及配套设施开发。街区内部一般采用门禁小区模式,设置栏杆、围墙与门禁,街区内部道路为小区私有。这些私有道路常采用"环形+尽端路"形式,相邻地块的小区内部路各自为政、互不连通。

2) 地块划分方式

在市场经济环境下,地块不再按单位拨划,而是对应于开发项目进行出让。地块具有相似的大小和类似的交通条件,以便于公平出让。开发商获得地块的使用权后,负责其内部的开发与配套设施建设。

3) 建筑占据地块的方式

由于各门禁居住小区内部的住宅建筑由各开发公司负责设计与实施,且建设周期不一,因此建筑肌理相互之间的协调关系较少被考虑。

4) 街道界面形成的方式

"新城区居住开发型"的街道界面常常被诟病单调而无趣。究其原因，一方面，在机动车为主导的道路设计理念下，支路层级道路被统一设计为24m宽，双向四车道，而街道界面多为门禁居住小区的栏杆或围墙。有限的人行空间处于机动车道与栏杆界面之间，显得较为孤立，人行景观也比较单调（图3-41）。另一方面，粗犷的城市管理条例也对街道界面起到了一定的塑形作用。《南京市城市规划条例实施细则》[1]对建筑退让城市道路红线距离提出了详细要求（表3-10），根据道路红线宽度与沿路建筑高度来定义建筑退让道路红线的最小距离。图3-42、图3-43展示了该管控方法下街道两侧建筑的可建范围。以奥体中心以南居住片区为例，图3-44与图3-45呈现了街道两侧建筑的允许建设范围，并列举了实际发生的街道界面形式。

1.《南京市城市规划条例实施细则》（2007版），南京市政府颁布，2007年8月1日起施行。来源：南京市规划局网站。

图3-41 "新城区居住开发型"中大部分街道的界面状态（2011年11月摄于河西新城区中部）

表3-10 《南京市城市规划条例实施细则》（2007版）中对建筑退让城市道路红线距离的规定

第四十二条 在城市道路两侧建设的各类建筑应当按照以下规定退让城市道路红线；其中，在经批准的控制性详细规划或者城市设计中已有规定的，按照规定执行：

（一）在规划路幅30m以上的城市道路两侧建设的永久性建筑：
　　1.高度不超过24m的，退让距离不得小于6m；
　　2.高度超过24m不超过100m的，退让距离不得小于15m；
　　3.高度超过100m的，退让距离不得小于25m。

（二）在规划路幅不足30m的城市道路两侧建设的永久性建筑：
　　1.高度不超过24m的，退让距离不得小于4m；
　　2.高度超过24m不超过100m的，退让距离不得小于12m；
　　3.高度超过100m的，退让距离不得小于18m。

（三）临时建筑（高度一般不超过8m）的退让距离不得小于3m；其中单位院落内的非经营性临时建筑，可以按照现状道路边线退让

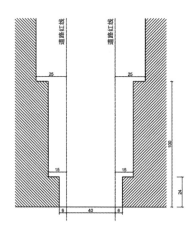
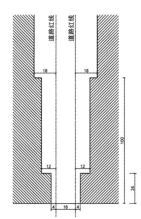

图 3-42　30 m 以上路幅两边建筑可建区域（左）
图 3-43　30 m 以下路幅两边建筑可建区域（右）

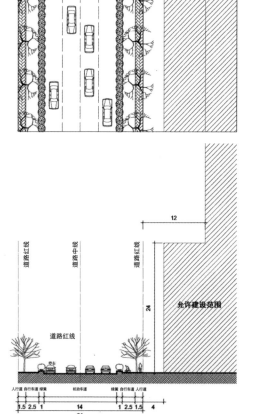
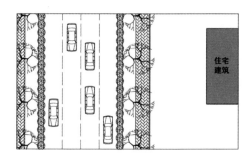
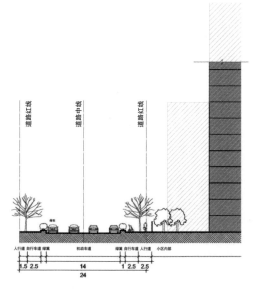

图 3-44　左图：红线宽度为 24 m 的支路两边
　　　　　建筑允许建设范围；右图：新安江街
　　　　　街区组团内大部分街道的界面形态

一些开发商也会尝试将公共服务设施设置在主要人行出入口附近的小区沿街面上，如图3-45所示的富春江东街的拉德芳斯段和嘉业阳光城段。但机动车道较宽，对街道两侧活动起到了分隔作用，往往只能形成单面街，跨街区的连续街道界面也很难形成。

表3-11呈现了"新城区居住开发型"典型案例的同比例航拍图，街巷布局形态、现状用地性质，以及历史航拍图。F01银城街街区组团位于南京河西新城区北部的中保新区，F02华山路街区组团位于河西中部的兴隆新区，F03新安江街街区组团位于河西中部奥体中心以南的居住片区。

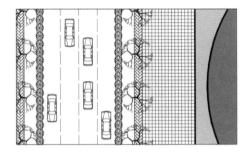 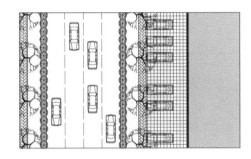

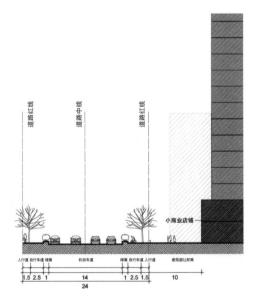 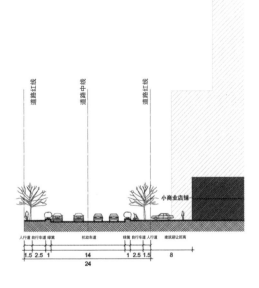

图3-45 左图：富春江东街拉德芳斯段的街道界面形态；右图：富春江东街嘉业阳光城段的街道界面形态

表 3-11 "新城区居住开发型"街区组团的典型案例

案例编号	F 01	F 02	F 03
案例名称	银城街街区组团（中保新区）	华山路街区组团（兴隆新区）	新安江街街区组团（奥体中心以南居住片区）
航拍图（1 km×1 km）			
公众可通行街道的布局形态（基于 2011 年的田野调查）			
现状用地性质			
历史航拍图（2005 年左右）			

3.3 类型比较与生成规则

本节将横向比较南京的几种典型邻里街道布局形态类型，讨论其共性与各自的特性，试图理解形态生成的规则及其背后的意义。表 3-12 呈现了从南京老城和河西新区选取的邻里街道布局形态类型的典型街区组团案例。

3.3.1 街道布局形态的生成基础

表 3-13 围绕在城市中的区位特点、生成时代、生成方式、街道布局的形态特征、地块的划分特征、街道界面的形成方式等几个方面对南京典型的邻里街道布局形态类型进行了比较。总体来看，这些典型街道布局形态类型可分为两大类：一类是在某一历史时期已经基本形成并被保留至今的，包括 A 传统老街巷型、B 民国住区规划型、D 20 世纪 80—90 年代的居住区建设型与 F 新城区居住开发型。另一类则是在既有城市肌理上改写的，包括 C 老城内部改造型与 E 老城边缘改造型，因此难免受到既成城市形态的束缚。虽然街区内的建筑几乎被完全更替，但街道布局形态却都在一定程度上继承了原有的形态特征。C 老城内部改造型由 A 传统老街巷型改造而来，直接继承了原有街道的方向、几何构型等特征。由于是在原有城市中见缝插针建设形成的，因此其地块规模较小，地块边界比较破碎，局部地块的合并使得街道密度稍有降低。E 老城边缘改造型多在原工业大院基础上更新形成，其大街区、大地块的特征与当代大型门禁居住小区模式不谋而合，因此稀疏的大格网街道布局被保留，工厂大院转变为门禁小区，延续了自我封闭的、仅为地块内部服务的半私密空间。

3.3.2 街道的走向

街道走向一旦形成，便不易受到朝代更替与城市更新的影响。因此，南京老城虽然经历了不同时期的改建，建筑被不断更替，但街道方向仍保留着建城之初的烙印。从今天很多街道的走向中，仍可以读出历史城市轴线的影响。几种方向的街道肌理相互拼贴、交叠、过渡的状态，成为南京老城非常重要的物质形态特色，并对进一步的地块划分、建筑形态等产生着重要影响。图 3-46 呈现了不同历史时期城市轴线影响下的街道走向区分布状态。

表 3-12 邻里街道布局形态类型的典型街区组团比较

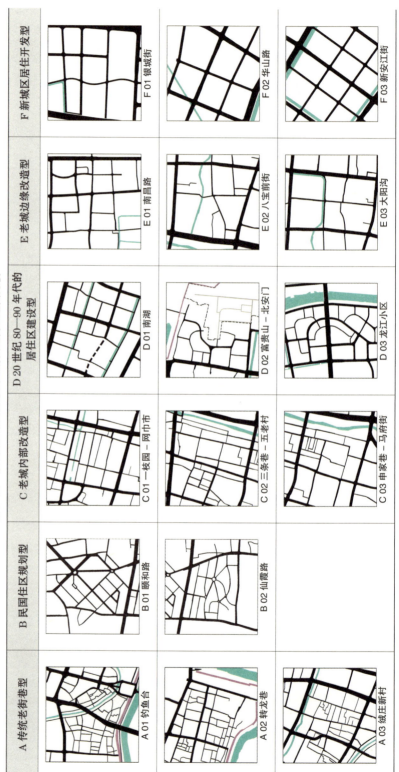

第三章 生成机制分析：自上而下的发生规则

表3-13 六种基本类型的形态构成及其相关因素比对表

类型名称	A 传统老街巷型	B 民国住区规划型	C 老城内部改造型	D 20世纪80—90年代的居住区建设型	E 老城边缘改造型	F 新城区居住开发型
典型街道布局形态						
在城市中的区位特点	边缘带以内，南唐都城范围内的城市建设密集区	南京老城范围以内，南唐都城以外、民国时期新兴规划的住宅区	边缘带以内，南唐都城范围内的城市建设密集区	边缘带外围，在原农田水塘之上新兴规划建设的居住区	南京老城边缘带上	南京老城以外，本书以南京河西新城区为例
街道形态的生成时代	明清时期（1919年以前）	民国时期（1912—1949年）	20世纪50—70年代	20世纪80—90年代	20世纪90年代—21世纪初	20世纪90年代—21世纪初
生成方式	在持续更替中逐渐呈现	在空地上新建	在原有肌理上改写	在空地上新建	在原有肌理上改写	在空地上新建
街道布局形态	方向上，大部分地段与南唐城市轴线呼应，局部受自然山水制约而发生扭转变异；街道密度大；构型方面为"有机生成型"，宽窄差异不齐，是建筑与街道空间相互挤压的产物	有明确的几何形式，引入"矩形格网""放射形"等布局形式。街道宽度一般为12~18 m，注重行道树的种植和街道景观	是以"传统老街巷型"为肌底，通过地块合并、街巷拓宽等方式形成的。街道密度比"传统老街巷型"略疏，宽度以6~7 m为主，可容纳机动车辆缓慢通过	根据居住区理论统一规划设计，有明确的道路分级。引入人工曲线等方式逐步更新的街道形式，大格网式的街道布局，街道密度较小	是在原有城市用地调整过程中，以地块逐个更新的方式形成的。大格网式的街道布局，街道密度较小	城市支路以上层级采用均衡格网布局。地块让给开发商进行开发式，多采用门禁小区自治形式。小区内部各自独成，道路互不连通
交通组织方式	以步行为主，可纳自行车和摩托车进入	所有街道均为双向双车道，机动车道两边设人行道，每个地块临街面设出入口	人车混行，但机动车只能缓慢通过，以步行和自行车为主	从居住区道路、小区道路到居住生活单元道路四车道，机动车行量和行速度逐层降低	原街巷被拓宽为二车道或四车道，各居住区与街道相接的位置设有门禁	机动车为主导的交通组织方式，私家车可开入住宅地下车库，而人行环境则比较孤立单调

（续表）

类型名称	A 传统老街巷型	B 民国住区规划型	C 老城内部改造型	D 20世纪80—90年代的居住区建设型	E 老城边缘改造型	F 新城区居住开发型
地块划分	封建时期的宅基地以产面、深远的方式沿街道或河道排列，地块大小基本一致的宅基地，以宽度受限定	有明确的产权地界概念，以宽面窄、长进深的方式沿街道划分大小基本一致的宅基地，以利于公平出售	以地块为更替的方式"见缝插针"地逐步植入居住与其他使用地。街区内用地性质高度混合，地块边界形状较为破碎	采用居住区、居住小区、居住生活单元的层级结构，各类用地规模与比例均依照相关指标，布局须满足服务半径要求	一个街区被划分为两到三个大地块，地块与地块之间通过院墙相隔，每个地块内部均有道路	每个街区划分为一到两个地块，开发商获得地块的使用权后，负责对其内部进行开发建设
公共服务设施的提供	民宅与手工业作坊混合聚居，由居民自发开设的小店、流动摊档等提供生活服务	除宅基地外，街区内有休闲绿地、学校等地块的设置	一方面依托于城市原有公共设施及资源，另一方面居民自发开店形成的商业服务的补充	有明确的各类公共服务用地、公共绿地等	依托城市原有设施和资源的同时，进行幼儿园、小学等配建	可由开发商负责幼儿园等设施的配建
目前的居住建筑形态	低层高密度，多进院落，建筑开间与进深受封建等级限定。以加建扩建的方式进行小尺度更新	在较为严格的管控下，形成高度、密度、建筑占据地块的方式基本一致的住宅肌理	以多层板式住宅楼为主。受到朝向、日照间距等因素的限制，建筑肌理趋于统一	在统一规划建设的背景下，住宅建筑以多层行列式为主，形成较为统一的建筑肌理	随着地块的逐步更新，不同时代的居住建筑肌理被逐步植入，呈现若干种住宅建筑肌理拼贴的状态	各门禁居住小区内部的住宅建筑由各开发公司负责设计开发，建设同一，建筑肌理相互之间的协调关系较少被考虑
街道界面的形成	一般东西向或平行于河道的为街，南北向密集处为巷。沿街人流密集处出现商前店宅的小商业界面	街道界面均由实体院墙构成，所有街道呈现统一的外观，不易辨识	居民自发改造形成的商前店宅底层公共服务界面较为普遍	建设初期以栏杆院墙界面为主，在使用过程中，多层住宅底层沿街开店形成街道破底层公共服务界面	新建居住小区以栏杆围墙界面为主，老居住小区沿街界面自发改造形成居商上居的现象较为普遍	以栏杆围墙为主，局部地段为沿街商铺，但难以形成连续公共界面
常用地名	"街、里、坊、巷、廊"承载民间故事	统一命名	除延续"街、里、坊、巷、廊"外，加入小区名称	"花园""小区"	"小区""新村"及开发商冠名的楼盘	道路由规划统一命名，居住组团由开发商冠名

注：表3-13中黑色表示可以到达的街道，蓝色表示河道，紫色表示南京明城墙。

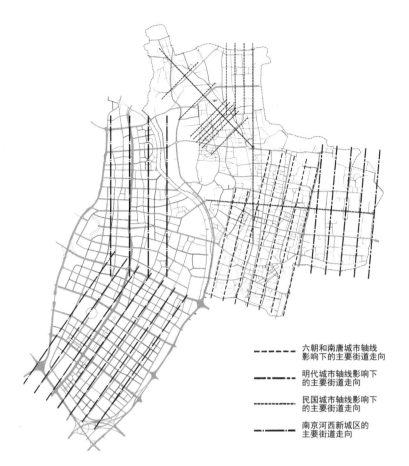

图 3-46 不同历史时代城市轴线影响下的主要街道走向

3.3.3 街道的密度与街区的尺度比较

街道密度、街区的平均边长（即街道的平均间距）、街区的平均面积，是相互关联的街区尺度参数。属于同一形态类型的几个典型街区组团案例在街区尺度方面的参数数值都非常接近。

街道密度在这里被定义为研究范围内街道总长与研究总面积的比值，街道总长是指所有公众能够自由通行的街道长度的总和。A 传统老街巷型的街道密度在 300 m/hm² 左右。B 民国住区规划型与 C 老城内部改造型的街道密度较为接近，数值趋于 150~200 m/hm² 之间。E 老城边缘改造型与 F 新城区居住开发型在街道密度数值上较为相似，都采用大网格的街道布局方式，街道密度在 100 m/hm² 以下，门禁小区内部私有道路成为公众认知的盲区（图 3-47）。

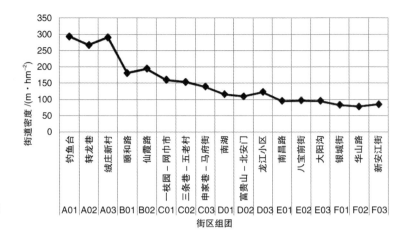

图 3-47 各街区组团的街道密度比较图

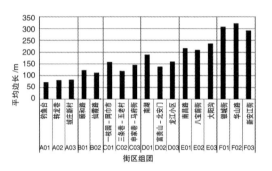

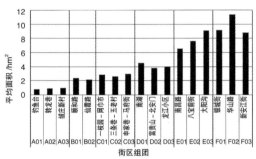

图 3-48 各街区组团的平均边长比较图（左）

图 3-49 各街区组团的平均面积比较图（右）

街区平均边长，即街道的平均间距，体现了沿街道行进多长距离会遇到交叉路口。如图 3-48、图 3-49 所示，A 到 F 六种形态类型具有明显的街区平均边长增加、街区面积增大的趋势。在 A 传统老街巷型中，街区平均边长在 100 m 以内，街区面积在 1 hm² 上下。B 民国住区规划型和 C 老城内部改造型的街区平均边长趋于 100～200 m 之间，街区面积为 2 hm² 以上。E 老城边缘改造型中，街区边长已经上升为 200 m 以上，F 新城区居住开发型的部分街区更达到 300 m 以上，部分街区平均面积甚至超过了 10 hm²。新兴居住街区组团中邻里街道密度明显下降、街区平均边长剧烈增长的趋势，与机动交通为主导的道路规划和管理模式密不可分，因为机动车的快速通行需要尽可能少地被交叉路口打扰。而公众步行友好的街道布局模式却恰恰相反，较短的街区边长和更多的交叉路口意味着更多的路径选择和更便捷的可达性。

3.3.4 街道布局构型的意义

如何理解这几种邻里街道布局形态类型（图 3-50）的构型逻辑？一

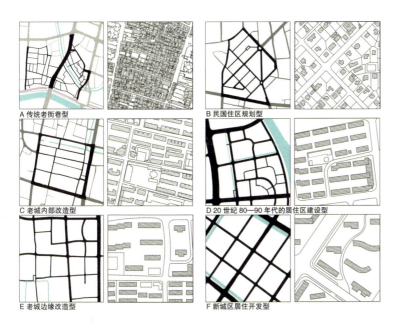

图 3-50 六种邻里街道布局形态类型的比较

方面，C 与 E 两种受到既有城市肌理束缚的街道布局形态类型并不具有典型性，本书暂时将其撇开，而将关注点放在某历史时期原生并被保留至今的形态类型上。这四种形态类型中，由自上而下的规划形成与自下而上自发生成的形态类型呈现完全不同的逻辑特征："B 民国住区规划型""D 20 世纪 80—90 年代的居住区建设型""F 新城区居住开发型"这三类都是在全新的规划设计下产生的，街道布局都采用较为明确的几何形式，利于快速成型。而"A 传统老街巷型"则是在居民长期的自发建设中逐渐呈现的有机网络，是建筑和街道空间相互挤压的产物。街道空间成为连接重要活动点的路径，并因为功能需要而产生形状。街道宽度也没有统一的规则。

另一方面，本节进一步对规划成形的几种街道布局形态类型予以分析："B 民国住区规划型"与"F 新城区居住开发型"都遵循着街区—地块—建筑的先后逻辑，街道网先行，由政府统一规划建设，然后将地块出让或买卖给个体陆续建设，于是皆呈现均等格网布局。而"D 20 世纪 80—90 年代的居住区建设型"则是路网、建筑等被同期规划、投资、施工建设，街道网络遵循明确的层级设定。

图 3-51 比较了几种典型邻里街道布局形态类型的构型逻辑。

1）均质格网：基于公平公正的原则，利于为每个地块提供较为均

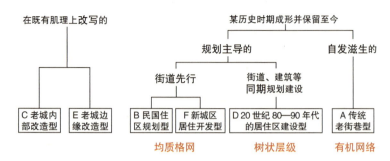

图 3-51 邻里街道布局形态的构型逻辑

等的机会。它是自上而下的基础设施建设与自下而上的地块内部建设共同参与的结果。虽然街道先行,但街道划分的地块形态必须考虑利于出售或出让,因此体现了上与下的相互制约关系。而同样采用均质格网的"B 民国住区规划型"与"F 新城区居住开发型"在街区尺度上的不同则与其生长的背景环境密切相关。B 民国住区规划型中街区的宽度基于两个地块的背靠背尺寸,F 新城区居住开发型的街区大小则基于当代居住区理论中的一个居住组团的大小。

2)树状层级:在南京,以"D 20 世纪 80—90 年代的居住区建设型"为代表的街道布局形态类型,是政府统一开发建设的居住区街道布局模式。街道、建筑、配套设施等均同期规划建设,初期是由政府投资、无偿分配、低租金使用的福利性住房。为了便于管理,其遵循自上而下的分级配置。

3)有机网络:存在于老城的"A 传统老街巷型"是最能体现自下而上的街道活力的类型之一。其基于手工业作坊、小商业与居住区的混合模式,以小尺度建设与更新的方式逐渐呈现。街道依托于建筑,在公与私的博弈下成形,构成街区组团内部的公共空间网络。

本章首先梳理了南京城市邻里街道形态生成的时间进程,归纳了各历史阶段的背景事件、塑造的街道肌理的分布情况、理论方法源头与典型案例。其次,综合时间、空间、形态特征等因素总结出 6 种邻里街道布局形态的主要类型,追溯了自上而下的控制与引导对邻里街道形态的塑造过程,解析了每种类型的形态元素特征。最后,在形态类型的比较中,讨论其生成规则。

从本章的论述中可以发现,首先,城市物质形态植根于其生长的环境,与当时的政治、经济、文化、规划方针策略等相辅相成。在南京城市的发展历程中，每个时期都在城市版图上书写着自己时代特有的印记。城市就这样作为社会文化的物质载体，展现着不同时代积淀下来的物质空间环境特征。因此，要想认识城市形态，必须充分认识其生成的背景环境，理解形态背后的作用机制。其次，自上而下的力量在邻里街道布局形态的生成过程中起着举足轻重的作用，并在很多街区组团中占主导地位。在它的作用下，一些因素被控制和限定，一些因素则在有限的范围内可被选择。然而在不同的形态类型中，上与下力量参与的强弱不一，因此对形态的解析方法也不得不有所不同。有的类型被自上而下的力量强势塑造，可以按照街道布局、地块划分、建筑占据的过程一步步推导，追寻每个层级邻里街道形态生成的规则；而有的类型则需要在上与下的两向解析中理解形态的生成过程。与街道布局形态的成型过程不同，在街道空间的塑造过程中，一些自下而上的力量总是自发地滋生壮大，构建着街道的生活性。下一章将对南京生活性街道进行深入考察和呈现，探究街道生活发生的规律及其影响因素。

第四章 生成机制分析：
自下而上的生长变化

在城市宽宽窄窄的街道中，总有一些街道与众不同。相较于仅仅成为交通通行路径的道路，它们还承载着邻里间丰富多彩的公共生活，是有人停留与聚集的场所，本书称之为"生活性街道"，而每个街区组团里长期最热闹、最具有人气的生活性街道段落则被称为"主街"。

本章从街道使用者视角出发，观察自下而上的需求与街道实际使用状态（图4-1），捕捉街道生活的特点，揭示生活性街道的形态规律，并探索其成因。主要从两种视野层级入手：在街道网层面，考察主街平面布局的规律及其生长的影响因素；在街道空间体验层面，探寻生活性街道的微观形态特性及与其相适应的公共活动。

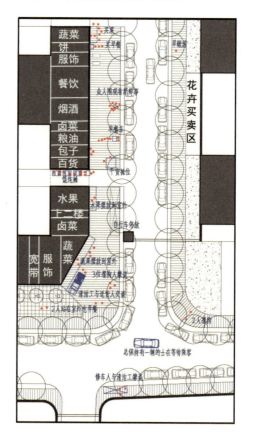

图4-1 生活性街道的日常活动记录图

4.1 自下而上的需求调查

4.1.1 公众视角下的街道日常生活

1）生活性街道会带来什么

运行良好的生活性街道能够为市民提供如下的公共环境：

它是人们想去的地方。身处其中是各种感官的优雅体验，眼睛在琳琅满目的兴趣点中不断游走。鸟的歌谣、食物的香气扑面而来，让人忍不住想驻足停留。

它是安全的。人们不用担心被车辆碰擦，不用担心被不明物体绊倒，可以放心地在其中漫步。街道的监视作用同时保障着每个人的人身安全，哪怕到了晚上也有温暖的灯光射到路人的心里。

它是舒适的。冬天有阳光，夏天有遮阳避雨的场所、有恰到好处的树荫和光影变化。街道既不空旷也不会产生压迫感，人们可以惬意地身处其中。

生活性街道里，有人们想做和需要做的事情。日常交易活动在这里发生。在零售商甚至流动小贩的参与下，居民们在较小的步行范围内就能买到日常生活所需的物品。它为人们提供户外活动的场所，社会不同群体都可以各得其所。老人们可以散步、遛鸟、锻炼身体，孩子们可以玩耍、追逐嬉戏。它更是邻里交往的场所，提供社区日常的信息交流，人们在这里看热闹、听新鲜事儿。在这里，常常可以看到老人们打牌下棋，女人们围坐起来边织毛衣边攀谈等。此外，在特殊的日子里，生活性街道还会变身为节日庆典的舞台、街头艺人的表演场所，容纳更多精彩纷呈的活动。

它拥有持续的活力，在一天中的不同时段、在一年中的不同季节呈现丰富的变化。它的空间被以不同方式反复利用，以满足不同时段的活动需要。

好的生活性街道给人持久美好的印象，能够增加社区的归属感，人们可以通过它来辨别方位和建立城市意象。在中国，街道已经成为最基层的管理单位，是一个地域概念，暗含着市民身份认定的作用，并成为居民成长过程中不可或缺的一部分[1]。无论是在其中工作还是居住，人们都会为拥有这样的街道环境而自豪。街道与人们的日常生活密不可分，人人都是街道生活的参与者，既有充分使用它的权利，也有保护、爱护它的义务。

2）街道在邻里日常生活中的作用

在当代南京市民的日常生活中，街道起到怎样的作用？人们在街道上做些什么事？使用者对街道环境作何感想？他们希望城市街道提供怎样的品质空间？问卷发放与访谈在 2012 年 8 月到 9 月之间进行，分别在南京城市 6 种街道布局形态类型的典型街区组团中采样。问卷采用选择与问答相结合的形式，主要涉及以下四部分内容：1）被访者资料：性别、年龄、在该街区组团中的角色等。2）生活性街道在受访者日常生活中的作用，如"您每天会在街道待多长时间""您每天会在街道上做些什么事"。3）受访者对街道环境的喜好，如"您愿意居住在怎样的街道上""抛开经济因素，您更愿意居住在怎样的街区组团环境里""本街区组团里您最喜欢的街道是哪一条（或者哪一段）？它哪方面吸引你"。4）该街区组团街道的生活状况，如"日常出行的方式""对街区街道环境的意见""认为本街道最有人气的街道在哪里"等。

在取样过程中，为了覆盖不同类型的受访者，调查采取不同时间到街区组团内部零散采访的方式。为了使各街区组团之间具有可比性，调查尽可能使各街区组团样本与总体样本在性别比例、年龄比例、受访者角色比例等方面一致。最终，统计的问卷受访者性别比例基本均衡（男：女 =50%：50%），年龄比例保持在"19～30 岁：31～60 岁：61 岁及以上 =20%：40%：40%"上下，符合调查中一般在街道上活动的人群的年龄分布。表 4-1 呈现了问卷受访者在街区组团中的角色构成情况，角色比例大致为"街区组团中的居民：工作者 =70%～75%：25%～30%"。其中，居民包括日常活动范围在街区组团内部与早出晚归两类，工作者包括在此街区组团上班、开商铺以及摆临时摊点三类。

---

1. 卓健. 城市街道研究与规划设计：全球 50 个街道案例 [M]. 北京：中国建筑工业出版社，2010: 49.

表 4-1 "受访者在街区组团中的角色"在有效样本中的构成情况

街区组团类型	各角色所占百分比 /%	
	居民	工作者
A	70.6	29.4
B	71.5	28.5
C	70.5	29.5
D	75.0	25.0
E	71.4	28.6
F	75.0	25.0
所有街区组团总计	72.4	27.6

居民们每天在街道上待多长时间

表 4-2 居民们每天在街道上停留的时间统计表

每天在街道上停留的时间	样本个数 / 个	所占百分比 /%
1 小时以下	14	23.3
1~2 小时	13	21.7
2~4 小时	21	35.0
4~8 小时	7	11.7
8 小时以上	5	8.3
合计	60	100.0

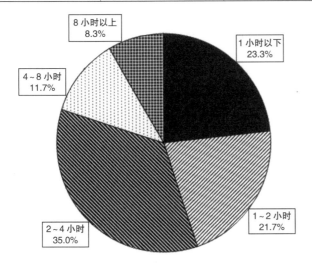

图 4-2 居民们每天在街道上停留的时间统计饼图

"居民们每天在街道上待多长时间"的统计,剔除了在此街区组团中上班、做生意等的受访者样本。表 4-2 和图 4-2 呈现出约 60 位受访居民每天在其所居住的街区组团街道上停留的时间值。其中,2~4 小时所占比例最大(达 35%),且有大于 8% 的居民每天在街道上活动超过 8 小时。

图 4-3、图 4-4 从不同角度分类进行了数据间的比较。箱图主体用灰色斜线区域表示,它由大于 25% 到小于 75% 的个案组成。箱图本体是上下两短横之间的部分,包含除去奇异值以后剩下的全部个案,上下短横标示出这些个案的最大值和最小值。箱图主体中部的一条粗横线表示所有个案的中位数,小圆圈则表示了个案中的奇异值。图 4-3 按年龄段分类比较了居民每天在其所居住的街区组团街道中活动的时间,从中可以发现,老年人对街道生活的依赖程度最高,有 75% 的受访者平均每天在街道活动 2 小时以上,有 25% 的受访者每天在街道上活动 4 小时以上。

图 4-4 从街区组团的形态类型角度比较了居民每天在街道上的活动时间,反映了 6 种邻里街道布局形态类型下居民对街道生活的参与程度。不难发现,A 传统老街巷型街区组团中居民日常生活对街道的依赖性最高,其次是 C 老城内部改造型,而 B 民国住区规划型和 F 新城区居住开发型中居民们每天在街道上活动的时间则明显较少。与人们直观感受到的南京老城中街道活动丰富多彩而新城区街道活力消失的现象一致。

图 4-3 按年龄比较的居民在街道上停留时间箱图(左)

图 4-4 按街区类型比较的居民在街道上停留时间箱图(右)

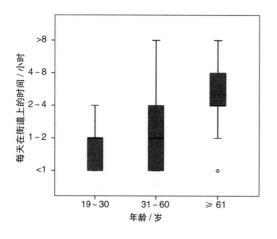

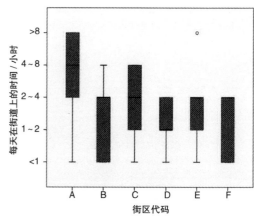

人们来街道上做什么

在关于"您每天会在街道上做些什么事"的调查中，仅 3.6% 的受访者选择了每天只是从街道上经过。表 4-3 展示了除交通通行以外，被选频率较高的若干种街道活动类型。其中，N 表示该选项被选择的频数总计，"百分比"表示该选项被选次数在所有选择次数中的比例，"个案百分比"则表示该选项被选次数与个案数的比例。"个案百分比"总计数目为 261.7%，揭示出平均每个受访者选择了两个以上的选项。人们来街道的目的通常并不是单一的，而是同时进行多项活动。在所有活动类型中，"买菜，买日用品"的被选频率最高，其次是"静坐，聊天，晒太阳"与"随便逛逛，看热闹"。

表 4-3 "人们每天来街道上做什么"统计表

街道上的活动类型	样本个数 / 个	所占百分比 /%
随便逛逛，看热闹	36	17.0
静坐，聊天，晒太阳	38	17.9
散步，锻炼身体，遛狗	29	13.7
买菜，买日用品	59	27.8
用餐	17	8.0
打牌下棋	12	5.7
上班，做生意	19	9.0
其他	2	0.9
总计	212	100.0

图 4-5 比较了各街区组团中人们在街道上的活动类型，体现出不同街道环境对居民街道活动行为方式的影响。总体看来，买菜、买日用品是各街区组团大多数人参与街道活动的重要目的，而其他类型活动则由于街道环境和生活方式的差异存在明显的区别。B、D、F 为主要由规划形成的街道布局形态类型。在自上而下的推动下，绿地、行道树等环境往往统一建设得较为完善，因此街道上的锻炼身体、遛狗等行为比其他形态类型的街区组团有所增加。但对于街头餐饮、聊天、静坐等自发活动来说，其发生频率则明显较少。

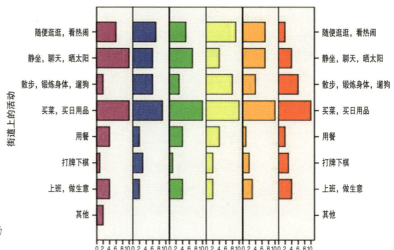

图 4-5 各街区组团中街道活动类型的选择频率计数

不同年龄段间街道活动类型的比较呈现与前文类似的结果，老年人的日常生活对街道环境的依赖最强，特别是静坐、晒太阳、聊天、锻炼身体、在街区组团内买菜和日用品等活动在老年人的日常活动中占有重要的地位。而青少年的日常街道活动则主要集中在街头用餐与随便逛逛、看热闹上（图4-6）。

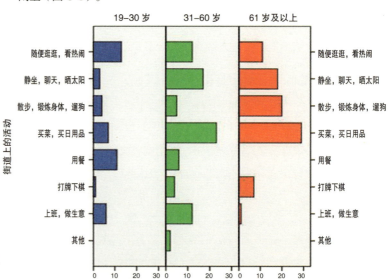

图 4-6 各年龄段街道活动类型的选择频率计数

3）公众对街道环境的喜好

人们更愿意在怎样的街道环境中居住？某些街道段落的某些特质是否能够打动他们？以下两项问卷统计考察使用者对不同街道空间形态的

评价。

愿意居住在怎样的街道环境中

问卷问题"您愿意居住在怎样的街道环境中"允许受访者选择一个或多个选项。从统计结果看,平均每个受访者选择了1.7个选项。其中,"生活服务设施一应俱全"得票最高,其次是"树荫茂密、环境宁静"。而对大多数南京市民来说,他们对"机动车方便可达"的看重程度较弱(见表4-4)。

表4-4 "愿意居住在怎样的街道环境中"选项统计表

愿意居住在怎样的街道环境中	样本个数/个	所占百分比/%
树荫茂密,环境宁静的	43	29.9
生活服务设施一应俱全的	56	38.9
机动车方便可达的	9	6.2
邻里关系密切融洽的	36	25.0
总计	144	100.0

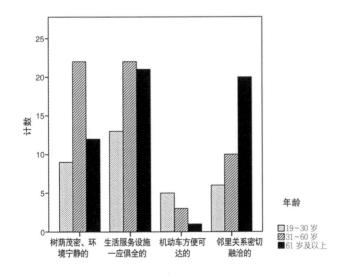

图4-7 不同年龄段受访者在"愿意居住在怎样的街道环境中"的选项情况

图4-7比较了不同年龄段受访者的选项情况。总体来看,老年人更看重所居住街道的生活服务设施便利性与融洽的邻里关系,喜欢生机勃勃的街道氛围。31~60岁人群的倾向则因人而异,有的人希望住在树荫

茂密而宁静的街道上，有的人则觉得越热闹越好，希望住在店铺丰富、生活服务设施多的街道上。对青少年人群来说，选项被选次数的差异性不如另外两个年龄段人群明显。

街区组团里最喜欢的街道及其原因

当被问及在街区组团里最喜欢哪条街道或哪里的街道段落时，有约60%的受访者提及的是该街区组团的主街，有约20%的受访者没有喜欢的街道，约20%的受访者喜欢除主街以外的其他街道（图4-8）。

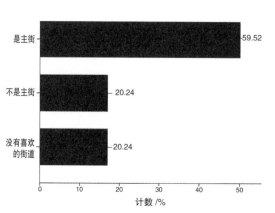
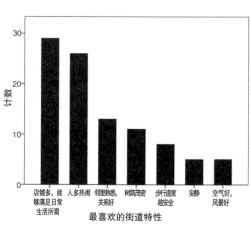

图4-8 该街区组团里最喜欢的街道（左）

图4-9 最喜欢某条街道的原因（右）

问卷进一步以开放性问答的方式追问了受访者喜欢某条街道的原因。事实上，大部分受访者的答案趋于类似。图4-9总结了被提及频率较高的答案。其中，"店铺多，能够满足日常生活所需"与"人多热闹"是最能吸引人们常来的原因，其次是"邻里熟悉，关系好""树荫茂密""步行道宽敞安全"，而部分受访者喜欢某条街道的原因还包括"安静"或"空气好、风景好"。此外，个别受访者选择最喜欢的街道的理由还包括：某条街道有好味道（如花香），小商业店主认为某条街道的地理位置能给他们带来好生意，居民认为某条街道上的东西便宜，以及老人愿意待在有儿童玩耍的街道上等。以上结果虽然存在个体差异，但居住街区组团里那些生活服务设施丰富、邻里交往频繁而热闹的街道环境是大多数使用者所喜爱且重视的。

怎样的街区组团更吸引人

问卷问题"抛开经济因素,您更愿意居住在哪里"试图让受访者对不同的街区组团类型进行比较和选择,以了解其街区组团环境的喜好。结果显示,虽然拥有更新更完善的生活设施,但是近郊的高档门禁楼盘并没有成为大多数公众的首选。"生活便利的居住小区"由于其友善的邻里环境与便利的生活设施,在各个年龄段的受访者中均得票最高,并占据了总体得票率的56%(表4-5)。"富有生活气息的老城南街巷"则因为密切的邻里关系、富有人情味等,在老年人中得票较高(图4-10)。

表 4-5 "对街区环境的喜好"与"受访者的年龄"交叉表

对街区环境的喜好	年龄			所有年龄受访者总计
	19~30 岁	31~60 岁	61 岁及以上	
富有生活气息的老城南街巷	22.2%	20.0%	25.8%	22.5%
生活便利的居住小区	66.7%	45.7%	61.3%	56.0%
近郊的高档门禁楼盘		25.7%	12.9%	15.5%
无所谓	11.1%	8.6%		6.0%
合计	100.0%	100.0%	100.0%	100.0%

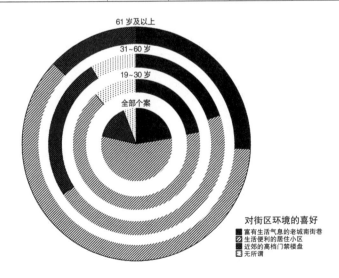

图 4-10 按年龄分类的居住街区环境喜好环形图

4)街道生活的现实状况

以上分析揭示出当代南京市民特别是老城居民的日常生活对街道的

依赖程度很大,生活性街道早已是他们生活中不可或缺的重要组成部分。但在当代城市现实中,街道生活也伴随着矛盾和冲突。

表4-6将问卷访谈中人们对街道环境的意见与建议按街区组团形态类型进行分类统计,"机动车影响步行安全"与"乱停车"无疑是共同的且困扰使用者最多的问题。此外,各类街区组团的街道环境各有千秋。"阳光少"是A传统老街巷型与B民国住区规划型的街区组团共同面临的突出问题。在阳光尤其珍贵的秋冬季节,人们的街道活动甚至是追随着阳光而移动的。C老城内部改造型与E老城边缘改造型街区组团中的

表4-6 各类街区组团中人们对街道环境的意见

A 传统老街巷型的街区组团

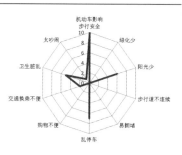

B 民国住区规划型的街区组团

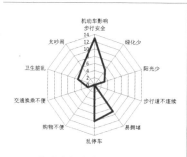

C 老城内部改造型的街区组团

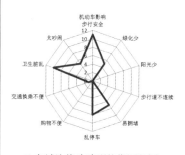

E 老城边缘改造型的街区组团

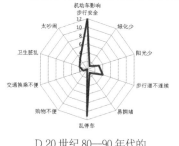

D 20世纪80—90年代的居住区建设型的街区组团

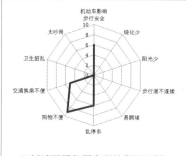

F 新城区居住开发型的街区组团

注:图中数字表示在该街区组团回收的有效问卷中同意该观点的人数。

街道环境问题显得较为相似，以"易拥堵"与"卫生脏乱"为突出矛盾。D 20 世纪 80—90 年代的居住区建设型与 F 新城区居住开发型都是统一规划建设的住宅区，其卫生、绿化、阳光等问题得到解决，但却呈现出新的街道环境问题。这些问题在 D 20 世纪 80—90 年代的居住区建设型中体现为路边停车占用步行空间，使得步行道不连续；在 F 新城区居住开发型中则体现为缺乏对街道的生活性的考虑，街区尺度太大，商业活动被集中安排在大型购物商场里等。在有一定生活性街道基础的老城里，一方面，街道被自上而下地赋予机动交通通行的要求；另一方面，街道生活往往在城市的内在作用力下滋生蔓延，导致邻里街道的生活性和交通性存在矛盾，甚至引发冲突。新城区建设常常将机动交通的高效通行放在首位，却往往忽略了街道活力的塑造。

4.1.2 生活性街道的使用状态捕捉

提供了怎样的街道空间场所与街道上将发生怎样的活动是相辅相成的。本节尝试考察街道活动行为与街道空间形态的关联性，并通过三个小问题的提出："生活性街道在其断面形态方面是否存在某些特性""生活性街道主要由哪些物质空间要素构成""街道的生活性和交通性在怎样的现实环境中可以共生"，展现当代南京城市生活性街道的存在方式。

1）街道生活类型与街道断面形态

生活性街道的物质空间形态是多变的，甚至可以说没有两条完全一样的生活性街道。不同的界面形态为不同类型的街道活动提供发生的场所。根据其容纳的街道活动内容，生活性街道（或生活性街道段落）可以大致分为日常买卖型、休闲运动型、邻里交往型，以及叠合型，如表 4-7 所示。其中的街道活动指除交通通行以外的能够引发人们停留的活动。

表 4-7 街道活动类型及其活动内容

生活性街道类型	活动内容	活动多发时段
日常买卖型	居民街边购物，街头餐饮，碰面交谈，看热闹等。天气好时，街边小商铺将货品展示及室内作业扩展至街道空间，如熨烫衣物、卖菜卖水果、修车等。流动小贩的参与使得街道活动更加热闹非凡	午餐晚餐时间是街头餐饮的高峰期；早晚上下班时段是街边购物发生的高峰期；其他时段，小商铺店主与居民共同参与休闲、聊天与街道监视活动

（续表）

生活性街道类型	活动内容	活动多发时段
休闲运动型	遛狗、玩鸟、健身、散步、慢跑等	清晨，傍晚晚饭后
邻里交往型	邻里们搬个小板凳坐在街边聊天，冬天晒晒太阳，夏天纳纳凉。老人们或静坐看报，或闭目养神；妇女们边聊着家常，边择菜、织毛衣或抱婴儿看热闹；男人们打牌下棋，孩子们追逐嬉戏	上午9-11时与下午2-4时的家务空闲时段
叠合型	多种街道活动的融合	不同时段街道空间的交错使用使街道保持着持续活力

日常买卖型生活性街道

日常买卖型生活性街道依托于连续的底层小商业界面，它可以由商住混合建筑形成，可以由住宅建筑底层改造而来，甚至可以由每天固定时间出现的连续摊点构成，为居民们补充日常生活用品提供方便，如图 4-11 所示。无论哪种形式的小商业界面，通常都具有以下特点：1) 不受快速交通打扰的人行活动空间，人们可以放心地慢速行进，边走边看，

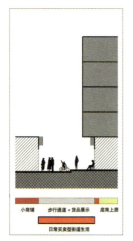 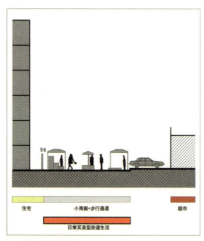 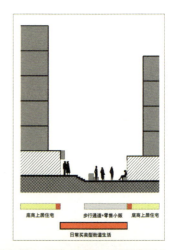

图 4-11 日常买卖型生活性街道的典型断面（左：C 01 一枝园街区组团—老虎桥南侧街道；中：E 02 八宝前街街区组团—尚书巷北段；右：A 02 转龙巷街区组团—磊功巷中段）

并随时可以驻足停留。2）较小的界面单元尺度，可以容纳较多的卖家，并使得街道界面丰富多变。3）街道交通空间与买卖空间没有明确的界限，是互通的。如果有边界，也主要以透明材质构成。因此，买家可以没有视线干扰地看到店内的物品，卖家也可以将货品展示扩大到街道空间上来，抑或搭建临时桌椅供顾客用餐等。4）街道段落中有局部放大的空间，可以容纳聚集、排队等行为，也可以容纳临时摊点在一些特殊时段的参与，如早餐车、流动售卖车等。

休闲运动型生活性街道

休闲运动型生活性街道往往首先依托于良好的自然环境元素。人们倾向于在茂密的树荫下、清洁的河道旁呼吸新鲜空气，进行身体锻炼、散步、遛狗、慢跑等日常活动（图4-12）。此外，休闲运动型生活性街道还常常具有这样一些特性：舒适宜人的微气候，有适当的阳光射入以及遮阳避雨的场所；连续性的步行道，与快速交通有效隔离。可供较多人聚集的较大场地，良好的景观条件，以及游戏场地或健身器材的设置，都将会使休闲运动型生活性街道更加吸引人。

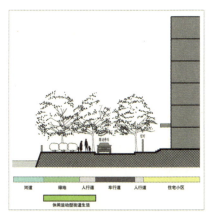
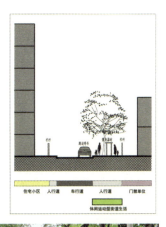

图4-12 休闲运动型生活性街道典型断面（左图：D 01南湖街区组团—沿河路；右图：B 02仙霞路街区组团—仙霞路）

邻里交往型生活性街道

邻里交往型生活性街道通常为离居民住处不远的街道,如传统老街巷型街区组团中人来人往的街道(非后巷)、老城内部改造型街区组团中小区出入口附近的街道等。邻里交往型生活性街道还常常伴随这样的物质环境:1)不受机动车打扰的慢行和闲聊空间。2)良好的视域,能够与来往的熟人打招呼,并对进入该区域的陌生人形成监视,以保障邻里环境的安全。3)舒适宜人的街道环境。冬天有阳光的射入,能够晒到太阳,夏天有树荫的遮挡,可以纳凉。老城内部改造型街区组团中不少街道在拓宽改造过程中保留有成排的树木。这些树木矗立在街道中间,有的划分着不同方向的车道,有的成为快慢车道的分隔带。而这些树下常常自然地成为人们休闲交往的场所。4)街道断面尺度亲切,有围合感。5)往往伴随有零散的小商铺或临时摊点(图4-13)。

图4-13 邻里交往型生活性街道典型断面(左图:A 01 钓鱼台街区组团—饮马街东段;中图:吉兆营街区组团—吉兆营西段;右图:新安里街区组团—卫巷)

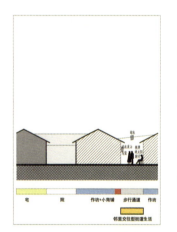

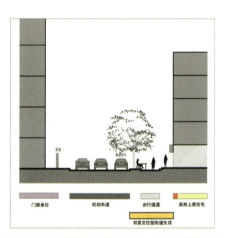

叠合型的生活性街道

以上三种生活性街道的界面形态本身并不相互排斥。事实上，城市中有很多运行良好的生活性街道都以两种或三种街道生活类型综合体的方式存在，特别是邻里交往型生活性街道与日常买卖型生活性街道常常叠合，并相互促进。图 4-14 呈现了老城与新城区里叠合型生活性街道的案例。理想的居住街区组团中，生活性街道的断面形态并不是单一的，不同类型的生活性街道满足着人们日常生活的多方面需求。规划和城市设计不应将一种断面形态赋予所有相同宽度的街道，而须提供多种的街道环境选择，满足各类街道生活的需要。

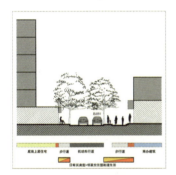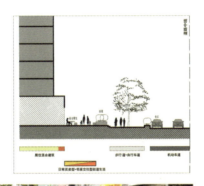

图 4-14　叠合型生活性街道典型断面（左图：C 01 一枝园街区组团—碑亭巷北段；右图：F 03 新安江街街区组团—新安江街东段）

2）生活性街道的空间构成要素

怎样的街道空间形态诱发或抑制街道生活的发生？在某些看起来类似的街道或者同条街道的不同段落上，街道生活存在明显的差异，这是什么原因造成的？

生活性街道的有利和不利因素

A. **界面形式**：A 02 转龙巷街区组团里从小心桥东街街口开始，经饮虹园、磊功巷至小西湖沿线，同条街道上三种街道界面形式分段落呈现，并引发人们街道活动的疏密变化，展现了街道界面形式对街道活动的影响，如图4-15所示。这条街道自东向西连接起三种肌理的居住建筑群——低层老民居、多层居住小区和高层门禁楼盘。低层民居段落发生着少量自发的街道活动，老人坐在街边发呆，临时卖菜摊点在稍宽的街道段落摆开，卖菜小贩、购物居民、闲逛人群等相互穿梭混杂；多层居住小区底层破墙开店地段是街道活动密集的地段，除了买卖活动外，人们坐在街边看热闹、攀谈、打牌下棋；而随着高层门禁楼盘的出现，街道界面转为栏杆院墙，街道活动难以附着，突然变得寂静冷清，街道空间沦为过往交通通行和机动车停车的场所。

图4-15 一条街道自西到东三个段落的三种街道界面形式

B. 沿街建筑的可进入性：大体量建筑的背面常采用连续的实体界面，通常开小窗或高窗，抑或在所有的窗户上安装密集的防盗网，使视线无法透过，以冰冷拒绝的态度面对街道，不利于街道生活的发生。而同样以透明玻璃作为底层界面的商业建筑也会由于经营方式的不同对街道活动产生一定影响。内向型的大型商业界面，如邮政、银行等对街道生活几乎没有贡献，它们通常只起到形象展示的作用，并不能引发街道交往和活动。外向型的小商业界面则通常由丰富的小尺度单元构成，店面向街道敞开，随时邀请路人进入，并往往努力将街道作为店铺空间的延伸（图4-16）。

图4-16 沿街建筑的可进入性比较（左图：背向街道的建筑界面；中图：内向型的大型商业界面；右图：外向型的小商业界面）

C. **沿街界面的功能**：以餐饮、服饰、生活服务为主的小商业店铺界面诱发街道公共活动的发生，而以下一些类型的店铺则会对街道活动起到抑制作用。废品收购站总是伴随着刺鼻的、恼人的气味；五金店、塑钢加工店常在室外作业，造成较为严重的声污染和光污染；汽车修理店、洗车店前强力水枪的喷射，使得人们不得不绕道而行……遇到承载这些功能的界面，街道生活常常戛然而止（图 4-17）。

图 4-17　废品回收站、塑钢加工店等对街道生活的不良影响

D. **街道的可视性**：有人气的生活性街道一般是公众视线可达的，而偏僻的路径则给人不安全感，这在一些沿河街道上体现得尤为明显。有的街区组团中的沿河散步道具有良好的可视性，树荫环境更让人觉得舒适，形成了宜人的休闲运动场所。有的街区组团中的沿河路径则被树木遮挡得严严实实，视线无法穿透，给人不安全感，因此也很少有人愿意在这里停留。

E. **建筑沿街退让**：生活性街道需要亲切的尺度感知，需要适当的沿街界面来限定空间。而过大的建筑沿街退让距离，会使街道丧失围合感。当代城市中，一些新建高层建筑为了遵守建筑退让道路红线的要求，沿街形成很大的退让空间，成为暴晒和无人的空闲场地，使得街道失去了围合感，这样的街道段落也难免丧失街道生活。

生活性街道的空间构成要素

图 4-18 呈现了不同类型的生活性街道与其所需的空间构成要素的搭配关系。根据其所承载的活动类型，生活性街道可以被归纳为三大类：日常买卖型、邻里交往型与休闲运动型生活性街道。右侧弧线列出了街道形态构成的若干要素项，涉及规划与城市设计的不同层级，共四大类：

位置与总体布局、景观视线、街道空间品质、基本元素。在这里，有的构成要素仅被某类生活性街道所需要，如"良好的自然元素"通常伴随休闲运动型生活性街道存在，而某些要素在三类生活性街道中都应具备，如"拥有不被快速交通打扰的慢行空间"等。

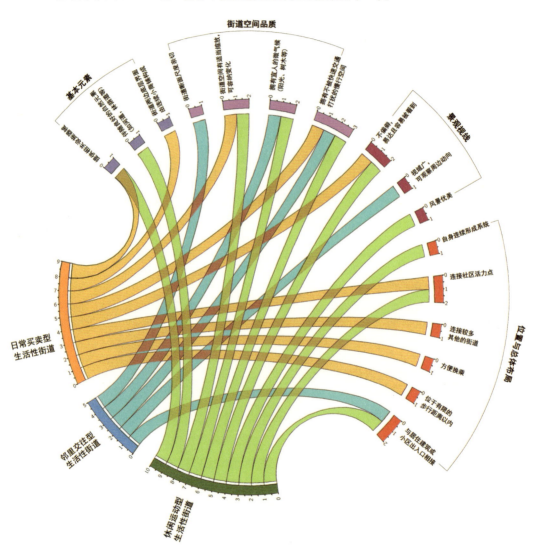

图 4-18 生活性街道的空间构成要素搭配图

3）街道的生活性与交通性之关联

本节从城市现实中找寻街道的生活性与交通性共生的案例，探讨交通通行对街道生活的影响。总体看来，目前，南京居住街区组团里街道的生活性与交通性的关系主要有以下四种类型：交叠互嵌型、各成系统型、局部让位型和交通切割型。

交叠互嵌型

交叠互嵌型通常发生在机动交通通行量不大、以步行为主或人车混行的街道上，街道的生活性与交通性相互融合。越是来往人流量大的地方，人们越容易在这里碰面停留，也越容易吸引小商业的附着，成为街道公共生活丰富密集的场所。交叠互嵌型以 A 传统老街巷型与 C 老城内部改造型的街区组团中最为常见。街区组团内部的小商业多以生活服务设施的形式，通过使用者的自发改造而来，或前店后宅，或底商上居，与居住建筑融为一体。如图 4-19（a）所示，在城市干道划分下的街区组团内部的一条或几条街道上，街道生活会显得特别丰富，如 A 01 钓鱼台街区组团里的饮马巷和 C 01 一枝园街区组团里的如意里。邻里关系在这里显得更加密切，社区认同感也更强。但如果原本已具有较强生活性的街道被强行赋予新的交通功能，则原本的街道运作方式会被打乱，使得宽度有限的街巷负荷更大，人车矛盾就会凸显出来。在 C 老城内部改造型街区组团中，这样的现象相当常见。特别是在清晨和傍晚，大量的行人和车辆从此经过，而此时正是街边商铺繁忙作业的时段，街道两旁停放的私家车使得街道空间异常狭窄，拥堵现象严重。在有限的街道空间里，人们的上下班、买菜等行为，商家的活动，与汽车喇叭声混杂在一起，往往使得整条街道水泄不通，如 C 01 一枝园街区组团里的如意里，C 03

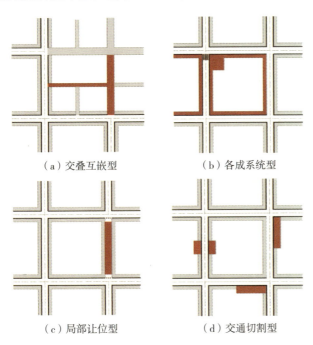

（a）交叠互嵌型　　　（b）各成系统型

（c）局部让位型　　　（d）交通切割型

图 4-19　4 种街道的生活性与交通性之关系类型（图中红色区域表示街道生活的发生场所）

申家巷街区组团里的绣花巷—马路街、E 02 八宝前街街区组团里的八宝前街西段都饱受困扰。

各成系统型

在以"B 民国住区规划型"的街区组团为例的街道系统中，交通通行与街道生活往往是平行发生、各成系统的。主要街道上人车分离，宽阔的人行道设置在机动车道两边，行道树木和路边树篱营造了舒适的步行环境。这些步行道将各家各户与设在街角的绿色休闲场所联系起来，居民日常的体育锻炼、遛狗、散步、打牌下棋等活动在这些点线结合的步行道和街角绿地中发生，如图 4-19（b）所示。以 B 02 仙霞路街区组团为例，晴朗的下午，在中心花园内及其周围街边打牌、下棋、聊天的居民可达 50 人以上，并以中老年人为主。然而在这样的街区组团中，街道公共活动发生的类型受到限制，主要以休闲运动与聊天为主。

局部让位型

该类型是指为了解决居住街区组团里街道交通性与生活性的矛盾，在一些街道生活活跃的段落，将原先被规划为机动车通路的街道段落改造为机动车限行段落，从而为街道生活提供场所，如图 4-19（c）所示。以 D 03 龙江小区北片的龙腾街南段为例，原来规划的居住小区级道路，在长期的使用过程中，居民与物业在街道端部设置了门禁、路障等设施，给机动车的快速方便通行设置障碍，从而使该道路变为以步行为主导的路段，流动小贩、临时大棚展销等在这里聚集，也使该街道段落成为居民街道活动最为活跃的场所。F 01 银城街街区组团中的闽江路也出现了类似的情况，机动车在街道中段被限行，闽江路西端街道的主要职能从交通性转向了生活性。原本被机动车道割裂的双面街通过一个小花园的设置重新融为一体，成为儿童玩耍、老人打牌以及邻里闲聊的活跃场所。

交通切割型

在一些新城区里，为了机动交通的高效通行，城市支路被设置得越来越宽。宽阔的机动车道和绿岛像一把有力的剪刀将街道剪开，两侧的人行步道之间再难发生联系，只能生成单面街。道路划分下的街区被出让给不同开发商，各个街区地块各自为政，街道界面也处于各自分散的状态，未经有效的控制引导，难以生成连续的生活性街道［图 4-19（d）］。

街道的交通通行能力对街道生活的影响

街道的交通性与生活性可以以若干种方式共存，不同宽度和交通量的街道上都可能生长街道生活，但不同类型下街道生活的发生方式各异。生活性街道需要足够的慢行活动空间，并提供空间围合感，因此应具有至少一侧的连续街道界面。它可以以较窄的双面街来达成，让整条街道和两侧界面共同参与街道生活；也可以以单面街的形式存在，但该单面街须通过人行道和建筑退让来提供较宽的慢行活动空间。与双面街相比，单面街作为生活性街道也是可以运作的。但若街道两侧的行人可以相互看清，并且能较为方便地过马路，则可以提升街道的活力。一般情况下，人眼的最大明视距离约为 25 m。在此距离内，街道两边的人可以相互辨识并对街道对面的活动有较灵敏的反应。若街道宽度进一步增加，则两侧街道生活将被分离成独立的部分。

根据机动车道的数量，生活性街道可以以这样几种方式存在：1）以步行为主的、机动车限行的生活性街道，可以形成完全不受机动交通打扰的慢行环境，街道两边界面的活动可以频繁交流。2）在人车混行的情况下，机动车道宜单向行驶，并控制机动车通行速度。3）当机动车道达到两股以上时，容易造成人车冲突，宜人车分流，并通过绿带、高差等方式将人行区域与机动车行道隔离。4）当机动车道达到四股以上时，快速行驶的机动车对于行人来说已经非常强势，街道被从中间部分割开，且两侧活动难以发生联系，街道生活仅以单面街的形式发生。

4.2　街道网中主街生长的影响因素探究

《南京市街道设计导则（试行稿）》从功能属性出发，将街道分为交通性干道、生活性街道、综合性街道与服务性街道[1]。而当前，对于城市中哪些街道是生活性街道及主街，现行的规划管理体系中缺乏明确的定义与精准的描述，只有深入其中才能捕捉到它们的存在。本节从街道网布局层面，重点考察主街分布的形态规律及其生长的影响因素，使宏观分析与微观田野调查互为补充与佐证，一方面，利用大数据分析总结南京城市街道的共性，寻找典型；另一方面，深入几类居住街区组团的典型生活性街道段落，探寻主街生长的动因。

1. 南京市规划和自然资源局. 南京市街道设计导则（试行稿）[EB/OL].（2018-02-08）[2022-11-20] http://ghj.nanjing.gov.cn/ghbz/cssj/201802/t20180208_875978.html.

4.2.1 主街地图

图4-20呈现了南京主城内交通通行等级较低的街道上的人群活动密度情况。从整体来看,南京的街道布局形态具有相当的多样性与复杂性,老城内部与外围新城也存在明显差异。老城南部街道布局细密,街道活动密度大,活力街道往往相互连接成片;老城北部和东部街区尺度大,街道布局稀疏,生活性街道零星分布;老城外围大部分新城的活力街道则呈小族群状布局。

图4-20　南京主城内交通等级较低的街道上的人群活动密度分析

田野调查在2010到2020年之间开展,在多类型南京典型居住街区组团中观察、记录与拍照。为了便于相互比较,调查开展的季节为春季和秋季,天气情况为晴朗或多云,调查时间为下午1时到5时之间,以普通工作日为主。大部分街区组团不止被一次调查,而几次的调查结果基本一致,为建立主街地图提供基础。

与第三章表3-12"邻里街道布局形态类型的典型街区组团比较"相对应,表4-8呈现了六大类南京典型邻里街道布局形态类型下,17个典型街区组团中的主街分布地图。其中,涂黑的街道或街道段落表示该街区组团中最具人气的主街位置。南京城市的街道布局形态有着明显的类型特征,其背后是生成时代的交通方式、政治文化背景、土地开发建设模式、规划设计方法等一系列深层因素。这些类型中的大部分生活性街道都是在漫长的积淀中逐渐形成的,是被自上而下的规划管理与自下而

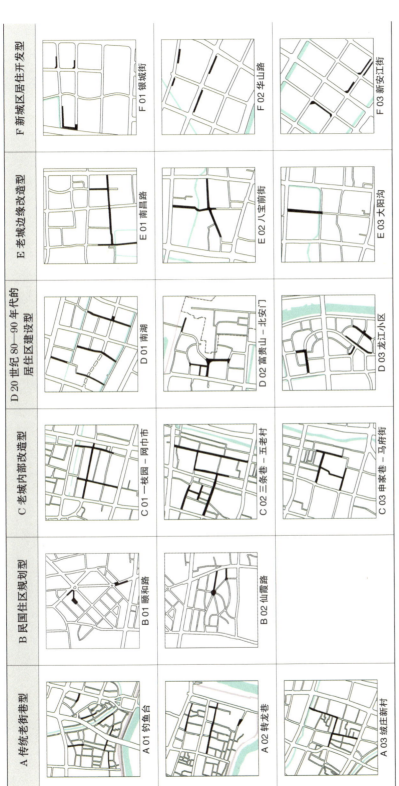

图 4-8 典型街区组团中的主街分布地图

上的自发行为共同塑造的产物。由于自上而下与自下而上力量的参与强弱程度不一样，可以将其分为两大类：一类中，统一的道路规划起到先决条件作用，生活性街道多是在下与上力量的相互博弈中形成。而另一类中，自下而上力量则发挥主导作用。在这里，街道布局不一定经过明确的规划设计，每条街道的初始形态相差不大，生活性街道的发生与生长主要由自发力量推动。

4.2.2 内在构型参数比对

本节首先从主街的"连接性""深度""方向"等平面构型参数入手，考察那些最具人气的主街在形态方面是否存在规律，并以"A 传统老街巷型"与"C 老城内部改造型"为主要观察对象，因为这两类街区组团是在长期的地块扩张与更替中逐渐演变而成的，主街的形成过程中自下而上力量的参与度较高，更能彰显城市的自发规律。

1）连接性

连接性（connectivity）反映了一条街道与其他街道的相交情况，数值越大，则与其相交的其他路径越多。图 4-21 比较呈现了 6 个典型街区组团中所有街道的连接性，从中不难发现，主街的连接性数值都较大，且都大于该街区组团街道的均值。因此，我们可以粗略地得出结论：主街更易发生在连接性较强的街道上。

2）深度

深度（depth）描述的是一条路径距离设定的基准路径的步数，即需要通过几次转换才能从基准路径到达目标路径。如图 4-22 所示，若设定路径 a 的深度为 0，则与其直接相接的路径 b 和 c 的深度为 1，以此类推，路径 d 与 e 的深度为 2，路径 f 的深度为 3。

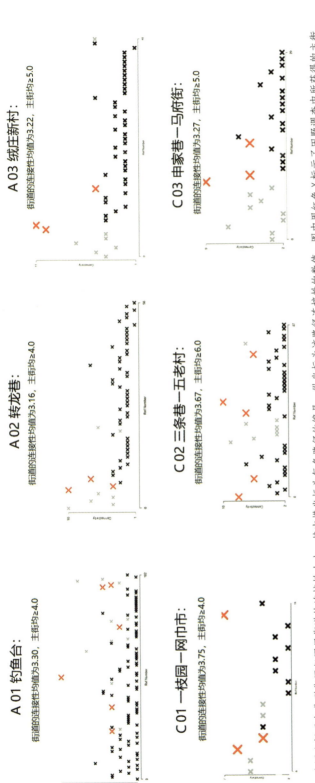

图 4-21 典型街区中街道的连接性比较分析图

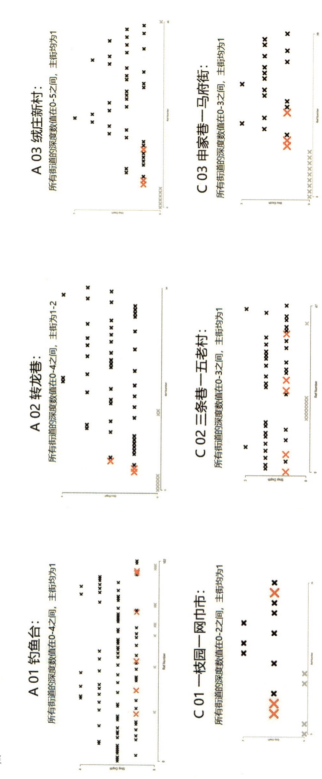

图 4-22 典型街区中街道的深度比较分析图

图 4-23 比较呈现了几个典型街区中所有街道的深度。有趣的是，所有生活性街道的深度数值都较低，并都小于等于 2，说明主街更易发生在深度较小的街道上，即主街距离城市干道的步数均较少。

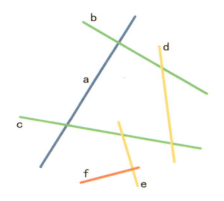

图 4-23　街道的深度计量方法示意

街道平面构型参数"连接性"与"深度"对街道活力的影响不难理解。人们日常生活中来到街道或从街道经过的目的，往往并非要去做某样特定的事情，而更倾向于能顺便完成几项日常活动，并在经过街道的过程中不自觉地被有趣的人或事吸引而停留。连接性大且深度值小的街道更易被大多数人看到和经过，小商铺店主们则通常更愿意在这样的街道上开店，小摊贩们也更倾向于在这里摆摊设点，这也反过来促进更多的居民来这里活动，使得这样的街道成为主街。

3）主街的方向

主街是南北向的好还是东西向的好，仅从街道网布局形态上不易判断。然而走在街道上留心观察，便很难忽略一个主导关键因素——风热环境的舒适性。夏季里通风的街道段落、冬季里能够晒到太阳的街道段落，总是能聚集更多的街道活动（图 4-24）。在 A 传统老街巷型与 B 民国住区规划型的街区组团中，很多中老年人也在问卷访谈中反映，秋冬季节，他们的街道活动地点是追着太阳跑的，有阳光射入的街道总能聚集更多的人。

图 4-24　冬日里坐在街边晒太阳、夏日里坐在街边乘凉的居民

图 4-25 南京城市街道温度分析（左图：夏季地表温度低于36℃的街道分布图；右图：冬季地表温度高于10℃的街道分布图）

图 4-25 通过遥感热红外信息温度反演数据，呈现了不同季节南京风热环境较好的街道分布状态。宏观分析发现，街道温度的主要影响因素是街道与自然生态斑块的距离，那些离山体、水体等冷岛斑块更近的街道总是保持着更低的温度。而街道的微观风热环境则与街区建筑布局形态紧密相关。比如，虽然理论上来说，与夏季风向平行的街道更易引入夏季风，但在实际城市环境中，老城往往由于受到高层建筑的影响，实际地表风向多变。再比如，关于冬日里街道能否获得充足的阳光，在不同建筑肌理的街区中，生活性街道的理想方向并不是统一的。传统老街巷型的街区里会出现不少东西向的生活性街道，因为其南侧建筑高度有限，冬天人们可以坐在街道北侧的阳光里晒太阳，夏天则可以躲在南侧的阴影里休闲聊天。而老城内部改造型街区中大部分生活性街道则是南北向的，因为东西向的街道完全被行列式多层建筑阴影所笼罩，只有南北向的街道才间或有阳光射入。

4.2.3 外在制约与诱发因素考察

以上内在构型参数为主街的发生提供了基础条件，但并不是具备了连接性、深度、方向等条件的街道都一定会成为主街，某些条件类似的街道或同一条街道的不同段落，街道活力状态仍存在差异。街道活动还受到一些外在因素的制约与诱发，特别是在以自上而下力量为主导的街区组团中，这些外在因素的作用表现得更为显著。这些制约或诱发因素包含街道界面改造的潜力、门禁出入口的位置、内部活力点的催化等。

1）街道界面改造的潜力

界面形态是街道活力的关键因素之一，而街道界面的改造潜力往往决定着某条街道能否在时间的推移中成为主街。在主街中，街道两旁的底层界面应积极参与街道生活,而非仅仅呈现为连续的立面景观。底层界面形式可能包含小商业店铺、可遮阳避雨的门廊、可拆搭的餐饮设施等。事实上,南京城市的相当一部分主街,无论界面是以前店后屋还是以上居下商模式构成,都是在使用者的自发改造下形成的。

在 D 20 世纪 80—90 年代的居住区建设型街区组团中,这种街道界面的改造行为对主街的发生产生了不容忽视的影响。图 4-26 展示了该类型街区组团建设初期栏杆与门禁的状态,以及后期经过使用者的自发改造形成的小商业界面状态。由于栏杆门禁的限制,能够被改造的街道界面有限。自发改造在使用中持续发生,并逐渐在一些段落形成连续的小商业界面,而这些街道段落也将逐步发展成为该街区组团的人气主街。

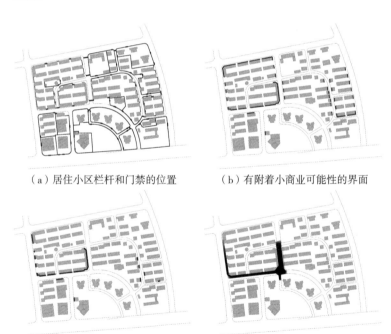

(a)居住小区栏杆和门禁的位置　　(b)有附着小商业可能性的界面

(c)实际的小商业分布　　(d)主街的分布

图 4-26　南京某居住街区组团中街道界面与主街位置关系

2)门禁出入口的位置

门禁小区的出入口附近,常常成为街道活动密集发生的场所。大爷大妈们喜欢搬个板凳坐在小区门口聊聊天、打打牌,或仅仅是坐在那里晒晒太阳,看看来往的路人,与熟人打打招呼问声好。这种行为源于人们对交往的天生趋向,同时也对进出小区的人形成监视作用,守护着社区的安全（图 4-27）。居住小区的出入口对主街的形成具有诱发作用。报刊亭、修车铺，以及流动小贩们在这附近聚集，在条件允许的情况下，小商铺会从这里扩散开去，引发更多的街道活动。

图 4-27　小区出入口附近的街道生活

3）其他活力点的催化

学校门口、菜场等场所附近，总会呈现街道生活丰富繁忙的状态，对主街的生长有催化作用。虽然以学校为代表的这类活力点以栏杆界面为主，但校门对面的界面是最易滋生小商铺的场所，加上流动小摊贩的聚集，成为街道活动最丰富的场所之一（图 4-28）。类似的活力点还包括医院、寺庙等。这类街道活动受时间、季节等因素的影响较为显著。一些时段，街道空间显得热闹拥挤，街道上人来人往、络绎不绝。另一类活力点如农贸市场、古玩市场等，其自身街廓就利于小商业店铺附着，并进一步吸引流动小摊贩在周边聚集。如依托朝天宫古玩市场，安平街西段乃至仓巷中段形成了自发的古玩街，摆摊、观赏、淘货、讨价还价、看热闹等成为街道的日常活动内容。

图 4-28　活力点对街道界面的影响

既有城市形态的发生有其内在动因，了解这些动因规律，才能在规划设计中顺应规律，引导城市形态健康生长。平面布局方面，街道公共活动在哪里聚集与街道网的形态构型存在一定关联。连接性强、深度浅、有活力点催化，并具有一定界面改造潜力的街道段落更易成为主街。此外，街道活动是否聚集也往往与该街道段落在冬季能否照射到阳光、夏季是否通风息息相关。当代城市规划与设计应充分关注生活性街道的连接性，统筹考虑街道与社区公共用地的关系，创造可达性与必经性；宜重视街道方向与风热环境、景观资源的关系,为街道的舒适性及景观特色提供保障。

4.3 人行体验中主街空间形态的特性考量

本节以公众的视角在主街中行走考察怎样的街道环境诱发或者抑制街道公共活动的发生,记录主街上的活动类型与数量,解析街道活力与其空间形态存在怎样的联系,归纳主街应具备的微观形态特性。

知乎问答相关数据揭示:在提到南京街道时,繁华、舒适、惬意、绚丽等是人们最常用于描述的高频发生词汇(图4-29),体现了公众较关心并看重的街道特质,这些特质在田野调查中也被重点关注。图4-30通过Flickr图片数据分析,展现南京公众认知度较高的街道的分布,为田野调查典型案例的选取提供基础。

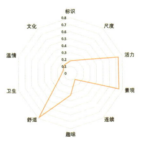

图4-29 大数据语义分析下公众所喜爱的南京街道的高频词

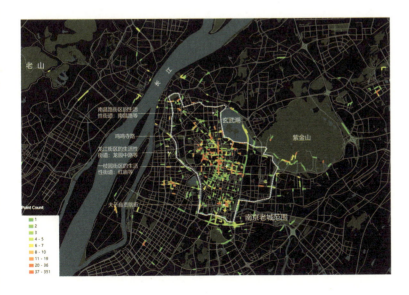

图4-30 公众认知度较高的南京街道分布

4.3.1 主街上的公共活动

主街上每天发生着怎样的邻里公共活动？不同类型活动的时空分布状态如何？街道空间是如何被利用的？成为主街的街道在物质空间形态上有些怎样的特质？

调查以南京某建设于20世纪80年代末的居住区中的典型街道段落为对象展开，这里是该街区组团中街道生活发生最为密集的场所，也是大多数居民心目中的主街。如图4-31所示，规划初期，仅其居住区中部设有长约80 m的社区公共服务设施。而经过多年的自发改造，其通过沿街居住建筑底层破院墙开店铺的方式形成长约300 m的连续公共界面，这段L形街道成为社区中街道生活发生最为密集的场所（图4-32）。而由于机动车道的分割，该段街道为单面街，即街道一侧有连续的小商业界面，并伴随有丰富的街道公共生活，另一侧则为单调的栏杆界面，少有人停留。

图 4-31　南京某居住区规划总平面图（左）

图 4-32　现状主街位置图（右）

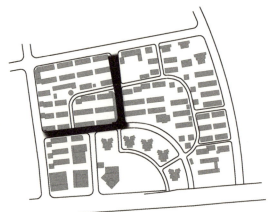

调查基于9月初某工作日早上6时到晚上11时街道公共活动的发生状况，统计街道中除交通通行以外能引发人停留的活动，按类型计数不同时段街道上的静态活动，描绘使用者活动地图、典型段落的街道平面、沿街界面形态等，并形成《主街上的一天》图表，如图4-33、图4-34所示。

图 4-33 柱状图——各时段主街上的静态活动（注：横坐标均为发生频数/次）

图 4-34 主街上的一天

1）静态活动分类与统计

借用盖尔在《交往与空间》中对人们日常活动的分类，我们把街道上除交通通行以外的活动分为三类：必要性活动、交往性活动与选择性活动。表4-9呈现了各类活动所包含的具体行为类型及行为发生特点。除以上三大类活动外，主街上还常会发生一些偶然性的公共活动，如晚饭后居民在街边打羽毛球、休息日里的街头表演、体检、量血压等街头服务。但由于其发生的频率较低，调查未将其录入。由于街道生活本身丰富多变，易受到天气状况、节日活动等影响，因此调查结果并不全面，但其所呈现的主街上日常活动的丰富性是无疑的。

表 4-9　主街上的活动类型

类别	行为活动	计数单位	活动描述
必要性活动	街头餐饮	人	发生在两类店铺前：一类以快餐店、面条店为典型，店门口的街头餐饮发生在中午和傍晚，通常在晚上8时打烊；另一类以烧烤店为代表，服务对象为青少年，店旁的街头餐饮活动以晚上9时—11时最为热闹
	居民购物	人	小商铺边和临时摊点边的购物行为，本调查计入的必须是发生在街道上的，不包括店内活动
	流动小贩售卖	车/摊位	各式各样的临时摊点，如开卡车卖水果的、推板车卖菜的、推自行车卖馒头的、骑三轮车卖鸭脖的等。在调查期间，白天由于受到城管的管制，流动摊贩被限制在有限区域内活动。傍晚城管下班后，流动摊贩则开始在路口聚集，小商品买卖活动达到高峰
	临时服务摊点	摊位	包括报亭、修车铺、缝纫铺和修鞋铺等。报亭由于可以遮风避雨，营业时间较长，一般从早上7时到晚上9时。缝纫铺和修鞋铺都仅有一个工作台，营业时间从早上9时到下午5时，刮风下雨则暂停营业
	店家室外作业	人	如卖蔬菜的小铺老板在街边择菜、洗衣店员工在街上晾晒、鲜花店员工在街边扎花篮等
交往性活动	聚集闲聊	人	街道上随处发生的碰面聊天、闲谈活动
	儿童嬉戏	人	儿童在街道上追逐打闹、玩游戏
	打牌下棋与围观	人	夏天在树荫下、冬天在阳光里的打牌下棋等活动，总是引得很多人参与和围观
选择性活动	遛狗	人	通常发生在早晨和傍晚，也作为居民自己锻炼身体的一部分
	带婴幼儿玩耍	对（大人+孩子）	如大人抱婴儿在街边闲逛晒太阳，孩子在大人的看护下玩街边游乐设施等
	漫步闲逛	人	步速很慢、左右张望、随时停下来看热闹的散步活动
	静坐/静立	人	如静坐看报、闭目养神、看街景、冬天晒太阳等

2）各类活动的相互关系

观察三大类活动随时间变化的雷达图（图 4-35）可知，必要性活动主要在早上8时与傍晚6—7时出现高峰（居民购物活动），以及中午12时出现小高峰（街头餐饮活动）。交往性活动与选择性活动随时间变化的节奏较为类似，在一天中的家务空闲中呈现三次高潮时段：上午9—10时、下午4时以及晚上7—8时左右。在三大类活动中，必要性活动对一天中主街活力的贡献最大。在细分的各类行为活动中，居民购物、街头餐饮与聚集闲聊对街道活力的影响较为明显。

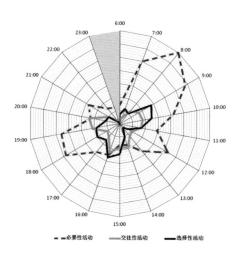

图 4-35　三大类街道活动随时间变化的雷达图

以居民购物活动为主的必要性活动对交往性与选择性活动具有带动作用。早晚两次必要性活动高峰时及其后的一个小时内，会出现居民交往性和选择性活动的高潮。这说明，街道生活中各类活动之间非但不相互排斥，而且是可以相互重叠并相互促进的。人们倾向于在一次出行中能顺便完成几项日常活动，并往往在经过街道的过程中不自觉地被有趣的人或事吸引和停留，因此选择性活动往往趋于跟随必要性活动，而交往性活动亦倾向于在必要性与选择性活动发生的过程中的发生。因此我们看到，丰富多彩的街道公共活动往往在日常必要性活动的进行中不经意地发生，如买卖行为与聊天同时发生，老人们把买菜当做社交和晨练的一部分，妇女们抱着孩子边晒太阳边聊家常，以及某家店面进了新鲜货物时引发围观和聚集等。街道生活基于人对公共交往的天生趋向性而发生。在问卷中，相当一部分老年人也明确反映出，他们并不会特意出门去锻炼身体，而是在买菜过程中顺便锻炼身体、与邻里交谈等。

可以尝试着对主街上的活动及其与街道物质形态的关系进行如下解读。主街的物质形态除建筑界面、树木等外，还离不开一些随时间敏感变化的物质要素的参与，如流动小贩的售卖、遮阳棚等的收放、店家在某些时段将商业活动扩展到街道上，都会造成街道空间的变化。为了相互区别，前者被称为"硬物质要素"，而这些随时间敏感变化的要素被称为"软物质要素"。硬物质要素（如小商铺界面）引发必要性活动（如居民购物），这些必要性活动吸引软物质要素的参与（如流动小商贩），而软物质要素反过来引发更多的必要性活动。选择性活动（如遛狗、漫步闲逛）和交往性活动（如打牌下棋、聚集聊天）都对必要性活动有趋向性，因为人喜欢活动在有一定人气、有新鲜事的地方。而具有一定的硬物质要素（如安全的慢行空间、可以遮风避雨的场所等）和软物质要素（如临时桌椅、儿童游乐设施等）的地方，则为选择性活动和交往性活动提供了宜人的发生场所（图 4-36）。

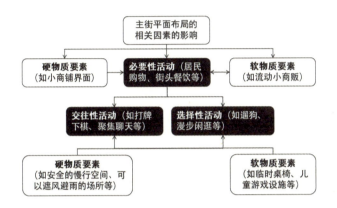

图 4-36 街道活动及其与街道物质要素的关系

4.3.2 主街的特性

1）混合

主街的魅力在于能够在一天中的不同时段保持持续的人气和活力。是什么赋予了主街这一特性，从而使其明显区别于街区组团里的其他街道段落？不同类型活动的混合是主街的特性之一。社区里，不同的人群有各自的生活轨迹，他们每天会在大致相同的时间地点完成日常活动，

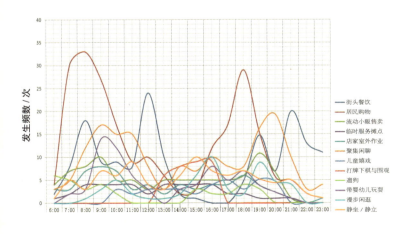

图 4-37 不同类型街道活动随时间变化的轨迹

如图4-37追踪了不同类型活动的发生轨迹。这些活动，有的对时间变化不敏感，有的随时间变化产生峰值和谷值，并且相互之间峰谷相错，使得主街在一天中的大多数时段保持着活力。例如，早上9时以前和傍晚5时以后是早出晚归的上班人群街道活动的高峰，他们主要完成购买日常用品、遛狗等活动；而上午9—10时、下午2—4时则是老年人们街道活动的重要时段。在这期间，他们可以避开拥挤，悠闲地进行购物、锻炼身体、聚集聊天等活动。

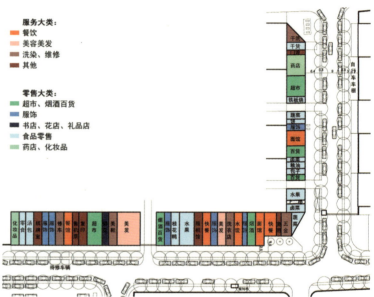

图4-38 主街上小商铺的经营内容

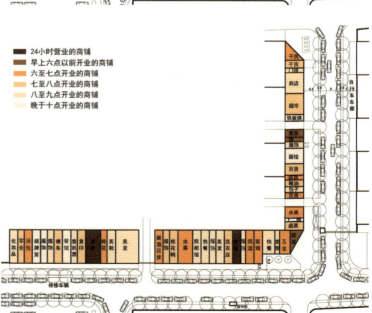

图4-39 主街上小商铺的不同营业时间

为了支持不同人群的活动变化，主街上的小商铺也在长期的自我更替中以不同的经营项目逐步适应着对象人群。图 4-38 与图 4-39 分别展示了该主街上小商铺的经营内容和营业时间情况。为了应对不同行为活动在发生时间上的波动，卖蔬菜的商铺早上 6 时半进货并开始营业，傍晚 6 时左右收摊；烧烤店则因为主要服务对象是青少年，通常中午才开张，营业至夜间 11 时左右；大部分餐饮店以午餐和晚餐两次用餐高峰期为最忙碌的时段；棋牌室、美容美发店的繁忙时段则出现在傍晚 7 时以后。

正是多样人群的共同参与不同店铺的混合共存、营业时间的彼此交替，使得主街在一天中的大部分时段都充满着丰富的公共活动，这些公共活动成就了主街的持续活力。哪怕在深夜，街边窗户透出的灯光，也带给路人安全感。

2）应变能力

将不同时段出现的各类街道行为活动叠加（图 4-40），可以看到，该主街上公共活动的峰值出现在上午 9 时与傍晚 7 时，谷值出现在夜间与下午 1 时左右。在一天中的有些时段，主街上的人数与街道活动会骤增，主街是如何应对这些变化的？

图 4-40　各类行为活动叠加随时间变化柱图

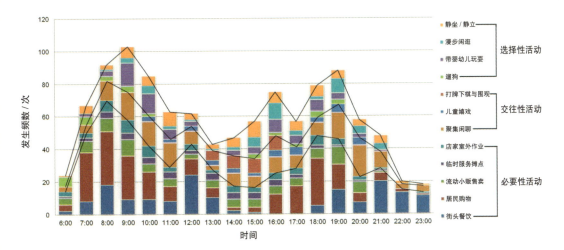

这归因于主街的另一个重要特性——应变能力。第一，这里的大部分空间绝不只是为某项特定活动服务的，而是在不同时段中、在软物质要素的参与下，容纳不同类型的行为活动能力。第二，主街的街道界面需要收放空间，并不追求过高的贴线率与整齐一致，适当间隔的放大空

间更能容纳软物质要素的参与以及人群的聚集。

图 4-41 和图 4-42 分别记录了主街某段落早上 9 时与傍晚 6 时所发生的不同行为活动的分布情况。其中，红色圆点表示除交通通行外，街道停留活动所发生的位置，浅红色区域表示该时段正发生的软物质要素的位置。随着软物质要素参与空间限定并提供服务设施，街道中的行为活动在不同时段有明显差异。早上 9—10 时，以几个电动摇椅为核心的主街北段是妇女们带婴幼儿玩耍和交流的场所；主街南段在早上 8—9 时则以临时早餐点与蔬菜水果店铺为聚点，成为上班族的汇集处；到了傍晚 6 时左右，街道活动的聚集点发生了转移，主街中段的烧烤店前与主街南段的街口呈现人声鼎沸的状态。正是不同时段对空间的反复利用，使得主街对各种变化应付自如，不同活动在其中各得其所。

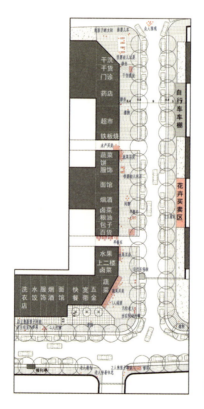
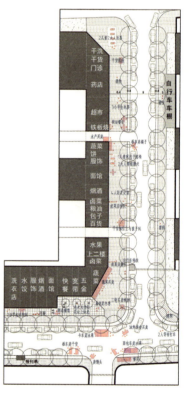

图 4-41 工作日 9 时主街活动记录示意图（左）

图 4-42 工作日下午 6 时主街活动记录示意图（右）

4.3.3 主街应具备的微观要素特征

主街不同于为交通通行而设计的道路，它是承载复合城市功能的场所，如商业交易、邻里交往、娱乐、休闲锻炼、庆典等。那么从物质空间形态角度来说,宜人且充满活力的主街通常具备哪些微观要素特征呢?

1) 空间形状

连续的界面：主街通常具有紧密连续的街道界面，有较强的围合感与领域感。

空间的收放：被硬物质要素限定出的街道空间，应有适当的空间放大场所，使主街能够应付街道活动的变化，为室外货品摆放、临时摊点、卖家街道作业、居民街边餐饮、打牌、晒太阳、聊天等提供空间，更可以容纳出现新鲜事时人群的聚集。

内外的延伸：主街的沿街底层建筑界面应是面向街道的，对街道活动呈现欢迎的态度。室内外常常是互通的，没有明确的限定。建筑中的活动与街道活动自然融合。

可遮风避雨的廊道：连续的可遮风避雨的廊道是主街的加分属性，从而保证街道活动能够在雨雪、暴晒等天气条件下正常进行。

2) 变化和趣味

有事发生：人们喜欢到有趣的地方。街道界面、流动小贩、服务设施等，都会构成主街上的趣味点，一方面能引发买卖等必要性行为在这里发生，另一方面也让人感觉不孤单，增加了安全感和趣味性，从而引发交往性和选择性行为。而连续单一的栏杆界面则是反街道生活的，并且不具备被改造的可能性。

小尺度的界面单元：小尺度的界面单元一方面使得行人经过该街道时有更多的视觉、听觉、味觉体验，能带来更多的趣味，赋予主街以细节与丰富性；另一方面也意味着具有较强的适应性，利于租赁与变更，从而便于主街的自我更替。

鼓励参与：那些功能混合的、能够为人们提供停留场所的街道，总是能吸引更多的人参与其中，而长距离冷漠单一的界面对步行者来说是冰冷而乏味的。

3）安全性

与快速交通隔离：主街环境宜以慢速通行优先，并与快速交通有效隔离。步行空间应有足够的宽度，让老人们可以悠然自得地散步，遛狗者可以优哉游哉地随时停下来，孩子们可以追逐嬉戏。

步行道的连续性：步行道应保证具有连续性，不被机动车频繁打扰，也不被路边停车或其他活动侵占。

视觉监督：提供一定的街道视觉监督。透明的底层界面可使建筑内部与街道空间视觉可达，带给街道与社区安全。

4）舒适性与景观特色

舒适的风热环境：健康的街道生活离不开阳光与清新的空气。在秋冬季节，拥有充足阳光的街道总能聚集更多的人，并发生丰富的街道生活。主街及其周边建筑的布局，应考虑对城市微气候的适应性。

景观特色：景观特色是主街的加分项，良好的林荫环境可以提升街道的舒适性。总体来看，南京城市街道绿视率很高，这与南京生态景观资源丰富且历史上重视林荫大道的塑造密不可分。南京是丘陵地貌，利用地势的变化形成曲折的街道形态可以为街道的趣味性加分，并形成一些易于记忆的街道对景。此外，具有特色的街道植物种植，也会形成特别的空间感知，给人留下深刻的印象。

5）鼓励软物质要素的参与

主街并不完全依赖于硬物质要素，正是那些对时间、气候条件更敏感的软物质要素的参与，使得主街呈现出丰富的变化并适应使用者的多样需求。它们可以方便地搭建或拆除，使得街道成为"可生活的场所"。

在当代城市中，交通等级越高的街道，其自上而下的管控力越强，这些软物质要素越难有生存的空间。而越是邻里深巷，自发的民间信息越丰富，自发的活力也越大。老街巷里的鸟笼、盆栽植物为生活增添趣味，晒笋干豆的篓子、街边晾晒的衣服诉说着日常的故事，街边小吃提供着便宜的民间美食,各式各样的广告、招牌使得街道成为公共信息的容器,修鞋修车的小摊为寻常百姓生活提供服务,可拆搭的遮阳棚使得街道环境更加舒适,而流动售卖车与临时地摊则往往成为吸引人气的点,引得人们围观并驻足攀谈。这些软物质要素提供着硬物质要素无法替代的服务,也成为邻里街巷生活的特点所在,散发着独特的魅力。

6）归属感

令人印象深刻的地方:主街在街区组团里具有突出的公共性,其自身的空间形态应易辨识,且有助于社区意向的形成。无论是临水、花香弥漫、石子铺筑,抑或拥有某些独特建筑或符号语言,都会增加主街的易读性,使其成为区别于其他场所的、令人印象深刻的地方。

归属感:一条运行良好的主街会增加社区成员的归属感,大家都为生活在这条街道上而自豪,都是这里的主人。无论是商铺店主还是邻里居民,大家都关注着街道上每时每刻发生的事情。每当主街上有不平常的事情发生时,很多人会聚集围观并出谋划策。

时间的积累:好的主街并非自上而下一次塑形而成的,而应鼓励自下而上的力量积极参与,并为其提供发挥力量的平台。一条充满活力的主街的形成,往往需要经历若干年的积累与更替。

本章从使用者的角度，考察生活性街道在人民日常生活中的作用。在当代南京，生活性街道作为城市中广泛存在的要素，承载着人们衣食住行的方方面面，是邻里日常生活不可或缺的场所。而事实上，相当一部分生活性街道都并非规划成形的，而是在持续使用中萌芽生长，并逐渐成为邻里生活的重要组成部分。本章以存在于大多数居住街区组团里且长期最具人气的生活性街道段落——主街为重点研究对象，从两个视野层级展开对其规律和特性的考察。第一，在街道网布局层面，考察主街的发生位置与规律，发现其主要受到两大类因素的影响：内在构型参数为主街的生长提供基础，如连接性、深度、方向等；一些外在因素进一步对其产生制约或诱发作用，如街道界面的潜力、街道断面的空间分配方式、活力点的位置等。第二，我们将观察视野收缩至使用者眼中的街道空间，通过对典型主街及其容纳的街道活动进行深入观察，理解不同街道活动所依托的微观空间形态要素，归纳主街在空间形态方面的一些特征。如在街道环境的营造中，贴线率是城市管理常用的管控手段，但整齐一致的界面并不足以赋予街道活力，界面单元的颗粒度、变化性和趣味性才是生活性街道更应关注的方面。此外，一些特色景观或形态要素也会对街道生活氛围的营造起到有效的促进作用。

　　生活性街道一方面处于自上而下的控制和管理下，另一方面在自下而上行为的影响下生长和蔓延。本章中，生活性街道的这样一些特点被呈现出来：1）包容的。街道的生活性与交通性并非天生矛盾，它们可以以若干方式良性共存。好的生活性街道应能满足不同交通方式、不同生活习惯的人们的需求。2）多样的且可融合的。街道生活的活动类型丰富多样，理想的生活性街道的断面形态也应呈现变化并提供多样选择。而不同类型的街道活动是可以相互交叠并相互促进的，从而使得街道活动呈现持续的活力。3）涉及范围广的。生活性街道的塑造关系到从社区整体布局到街道细部设施等的方方面面，离不开自下而上的城市力量的积极参与。城市规划与管理应积极探索与把握城市自发规律，认识和理解城市形态的内在机制，充分尊重城市自下而上的力量，以有效地组织与引导城市形态有序发展，还城市以持续的活力。

第五章　实践探索：生活性街道的规划与建构策略

本章从对当代城市街道建构制度与方法的反思入手，探讨生活性街道的塑造策略。结合团队近十五年来的城市设计实践项目（图5-1），从"片区路网的布局""路与街的分级分类引导""主街的营造""街道界面管控规则的制定"等多方面逐层递进地分享关于生活性街道的设计思考及实践管控策略。

图5-1　某城市设计项目中塑造的生活性街道轴测图

5.1 当代街道建构方法的反思

5.1.1 不同视角下的生活性街道

街道在城市物质空间环境中具有纽带作用,它一方面是参与城市形态构建的"骨骼",另一方面也是城市公共生活发生的场所,是城市中的人体认城市最直接的媒介。

广泛存在的生活性街道

在中国的很多城市中,穿梭在有一定历史积淀的生活街区内部,你会发现总有一些街道明显区别于其他道路。这些街道除了作为交通通行路径外,还发生着种种引人停留、诱人参与的活动,如邻里交往、日常买卖、休闲健身、公共表演等。与日常生活息息相关的味道、声音、视觉元素在这里交织融合,令人印象深刻。以南京为例,钓鱼台、小西湖等老城南街巷中有着亲切而分毫必争的街道空间。坐在家门口边择菜边闲谈的女人们,当稍有生人进入就会出来问个究竟的大爷,流动小贩的声声叫卖,香喷喷的街边馄饨摊……构成一幅幅充满生机的街道生活图景。以一枝园为代表的多层住宅小区街区则是另一种常见模式,沿街住宅的底层被使用者自发改造为小商业店铺,使得原本封闭内向的小区转而面向街道。生活性街道在居民们的日常生活中孕育滋生,在一天的不同时段都充满着丰富的街道活动,居民可以在有限的步行距离内满足所有日常生活需求。

消失的生活性街道

在近年来的老城更新与新城建设中,我们发现,一方面,老街巷的保护特别是街道氛围的延续并非易事,遇到重重困难;另一方面,在一些新城区里,街道生活似乎消失了,城市道路被机动交通主导且以机动车的快速高效通行为目标,人的需要被忽视,无论是道路宽度还是街区大小往往都超出了人行尺度。宽阔的机动车道和人行道使道路看起来整齐而气派,以门禁栏杆界面为主的居住小区模式使街道面貌大多趋于单一,缺乏可识别性。地块出让开发模式中,各个街区独立地设置少量生活服务商铺,街道界面的连续性缺乏协调。居民生活依赖于私家车。人们多在大型商业综合体内活动,路上行人寥寥无几。人们碰面交流的生活性街道不见了,仅留下为机动车通行而设的道路。

公众眼中的生活性街道

对南京市民的调查访谈揭示，生活性街道作为城市中广泛存在的要素，承载着人们衣食住行的方方面面，是邻里日常生活不可或缺的场所。比起交通通行的方便，人们往往更看重街道的这样一些属性：能否提供生活服务设施，是否舒适宜人，步行环境是否连续便捷等。也正因为这样，一些市民宁愿居住在老城区，也不愿意搬到住房条件较好的新城生活。当所居住的街区组团中有好的生活性街道存在时，人们会不自觉地选择从这里经过，不仅仅为了去办事，而是因为这条街会给人赏心悦目的感觉以及不期而遇的渴望。在这里漫步，人们更容易碰见熟悉的人或者有趣的事情，因为总有些事物能够吸引人的眼光、让人驻足停留。

专业视野下的生活性街道

受到现代主义的影响，道路的交通通行功能往往处于先导地位。交通规划以机动交通的快速高效通行为目标给道路定级，并赋予其相应的宽度。城市规划体系直接沿用交通规划专业对于道路的定义方式，因此有"城市道路系统规划"，而较少有关于街道的设计，邻里街道的生活性似乎沦为了专业设计视野下的"盲区"。近年来，随着以人为本的规划设计理念的提升，街道的场所性质得到了一定程度的重视，国内一批城市开展了《街道设计导则》的引导，城市管理对街道的塑造意识在逐渐加强，但街道生活性的规律仍有待被挖掘，有效的设计与控制引导方法还亟待被探索。

5.1.2 上与下矛盾中的现实问题

本节以几个关键语句作为线索，一方面考察自上而下的规划设计管理对街道形态的塑造过程，另一方面体察使用者视角下的需求与现实状态，并在两种观察视角的比较中，揭示差距与问题。这几个关键语句包括：街道布局的逻辑，商业与社区服务设施的配置，街道的相关域，以及街道的界面。

1）街道布局的逻辑

自上而下的交通层级

当代中国的城市道路交通规划是以机动交通的通行效率为主导的，

现行规范主要以设计车速和交通流量来定义道路等级。通常，大中城市的道路分为快速路、主干路、次干路、支路几个等级，并根据其所属的层级来定义道路网密度、车道数、道路宽度等指标。控制性详细规划中关于城市道路的控制指标也是以交通需求为重点，关注地块交通出入口位置、停车泊位等。住区道路布局亦遵循自上而下的交通层级。以规划建设于 20 世纪 80 年代末 90 年代初的南京某居住区为例（图 5-2），其道路网由四级道路构成：居住区级道路，红线宽度 24m，构成居住区的外环；小区级道路，宽 12~18m，起到居住组团划分的作用；组团级道路，路面宽 7m；宅间小路，宽 2.5m。

自下而上的公共生活

走进城市街道，大部分有一定成熟度的社区中的"生活性街道"现象都是普遍而宜人的，生活性街道的分布呈现与交通规划的道路等级完全不同的状态。对于生活性街道来说，交通通行不一定是最重要的功能，这里既有街头买卖、街头餐饮等必要性活动的发生，也有散步、遛狗、抱婴儿晒太阳等选择性活动的参与，更有如交谈、打牌、妇女们集体织毛衣并相互切磋技艺等交往性活动的存在。高度的功能混合、丰富的邻里交往活动、不同时段的空间反复利用使得这些街道被赋予了特别的城市使命。

图 5-3 展示了同一个居住区里生活性街道的分布状况，这在现行的

图 5-2 南京某居住区的道路布局等级（左）

图 5-3 南京某居住区的生活性街道分布（右）

规划设计体系中并没有明确的描述与定义，往往只能通过对城市现实的观察来捕捉。从图 5-2 与图 5-3 的比较中可以看出：第一，生活性街道现象与道路的交通等级没有必然联系。该居住区里的街道活动，既有发生在居住区级道路上的，也有发生在小区路抑或是组团路上的，但宅间小路由于组团门禁的存在而较难成为生活性街道。第二，街道公共生活的分布形态以沿街线状为主，并在一些重要节点放大。有的街道两侧都充盈着生活氛围，有的街道则由于机动交通的分割作用较强而以单面街的形式存在（图 5-4）。

图 5-4 生活性街道与其他道路的比较

2）商业与社区服务设施的配置

自上而下的分级配置

我国的居住区规划理论在多年的发展和实践中形成了居住区、小区、组团的三级组织方式，每个层级根据其容纳的户数和人口规模确定。公共服务设施配置亦以层级为基础，各级服务设施需满足相应的服务半径要求。由于控制性详细规划以用地为核心，在规划中，商业与社区服务设施的配置多以相对集中的点块状来布局。

自下而上的蔓延生长

现实状态中，社区里相当一部分的小商业与社区服务设施却是自下而上"长"出来的。这些自发的服务设施主要以两种方式存在：一种是建筑设计层面的底层对外开放，另一种则源于居民的自发改造，并以后者占主导地位。仍以该居住区为例，图 5-5 比较了规划阶段的商业与社区服务设施的配置，以及经过约 20 年的持续使用与自发改造后的实际分布形态。这种将原 6 层居住建筑的底层改为小商铺的自发改造现象沿街分布，将相当一部分原背对街道的居住建筑改造为面向街道，并将原一层小院落改造为店铺的室外扩展部分（图 5-6），以容纳如小吃店的室外餐饮、洗衣店的室外晾晒等活动。改造通常一开始发生于人来人往的路口，并逐渐蔓延至整个街区延边。

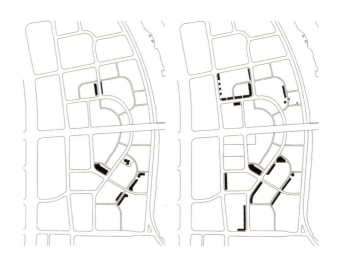

图 5-5 某居住区的商业与社区服务设施分布情况（左图：规划的配置状态；右图：实际的分布状态）

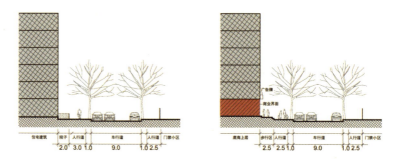

图 5-6 居住建筑被自发改造为底商上居（左图：初始街道界面；右图：经自发改造后的街道界面）

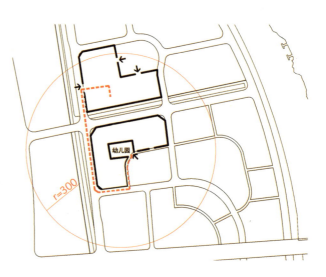

图 5-7 小区门禁对步行可达性的影响

一些居住小区门禁的设置，使得按照服务半径配置的公共服务设施在实际使用效率方面大打折扣。居民的实际步行距离并非居住点到公共服务设施的直线距离，而往往需要先绕半个街区出居住小区门禁，再绕半个街区去公共服务设施点，实际出行距离与时间大大增加。图 5-7 用红色虚线列举了某住户家到幼儿园实际需经过的最短路径。虽然住户家位于以幼儿园为圆心的 300 m 服务半径内，但由于居住小区被栏杆圈起，仅留个别门禁出入口与外界相通，实际出行距离大于 600 m。在这样的背景下，一些门禁出入口周边或是公共服务设施出入口附近的街道段落成为大量人流的必经之路，因此很容易诱发街道界面的自发改造，从而成为小商铺聚集的场所。

3）街道的相关域

自上而下的红线控制

20 世纪以后，随着与城市物质环境相关的设计与管理工作越来越专业化，街道空间塑造的分工职责也越来越明确，甚至走向分离（图 5-8）。以道路红线为界，建筑师关心的是地块以内的事儿。景观设计专业往往聚焦于广场、步行街等，而道路红线范围内则由交通专业主导。交通通行能力定义了道路的等级与宽度，相同等级的道路通常采用统一的断面

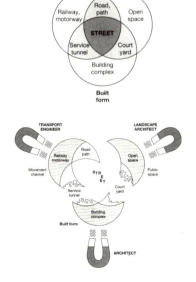

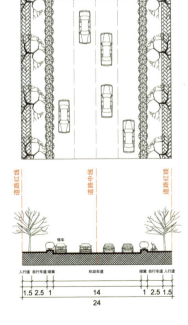

图 5-8　与街道环境相关的各专业走向分离（左）

图 5-9　典型城市支路的断面形态（右）

形态，这使得一些新城中的道路整齐划一，缺乏识别性。图 5-9 为南京某新城中广泛铺设的城市支路断面形态。

自下而上的空间感知

实际被公众感知的街道空间是不存在明确的红线或专业界限的，特别是设施带、步行道、建筑前区与建筑界面构成了不可分割的整体，甚至一些向街道开敞的建筑内部空间、街边放大的公共活动场地也是街道空间的重要组成部分（图 5-10）。正是多样空间的参与，使得生活性街道散发动人魅力。然而在一些城市管理中，人为划定的界限往往使得街道空间并不能被作为整体来设计与实施，如步行道与建筑前区的地面铺装不协调等，甚至造成空间的割裂。

图 5-10 公众感知的街道空间构成

4）街道的界面

自上而下的整齐统一

街道界面可能由建筑构成，可能由栏杆、院墙等形成，也可能由树木等景观元素围合。自上而下的街道界面控制，通常更注重界面的整齐有序，以使界面达到视觉上的统一，并利于管理。

几种常见的自上而下的道路界面管控方法包含：其一，设置景观带。以南京河西新城区中部某干道为例，图 5-11 展示了局部段落的平面与断面图，道路红线宽 35 m，道路两侧分别设有 10 m 绿化带，道路界面主要由树木形成。沿干道设置的景观绿化带起到一定的防护、减尘作用，绿化带内虽然设置了座椅等休闲设施,但却很少有人停留。究其原因,居民们当然更愿意在街区组团内部离家不远的、不受机动车打扰的且有人气的地方活动,而没有特意来干道边绿化带活动的必要。因此,这些绿化带虽然在规划中被算作"G1 公园用地[1]",但实际上并不能为居民的日常生活所用。

1. 根据 2002 年 6 月发布的《城市绿地分类标准》(CJJ/T 85—2002),城市绿地分为 G1 公园绿地、G2 生产绿地、G3 防护绿地、G4 附属绿地、G5 其他绿地五大类。

其二,街道两侧的新建建筑需统一控制沿街建筑高度与退让距离。以某城市的规划条例实施细则为例,其根据道路的路幅宽度与道路两侧的建筑高度来定义建筑界面退让道路红线的最小距离。例如,"红线宽度为 24 m 的支路,建筑高度不超过 24 m 的,退让距离不得小于 4 m;建筑高度超过 24 m 但不超过 100 m 的,退让距离不得小于 12 m。"图 5-12 展示了该实施细则管控下的沿街新建建筑可建范围。该方法保证了城市道路两侧建筑界面的整齐有序。但实际应用中,一方面,较为粗犷的退让使得街道失去了人的尺度,大片的退让空间往往成为停车场或无人空地。另一方面,过于统一贴线的界面也让街道上的步行变得较为单调乏味。

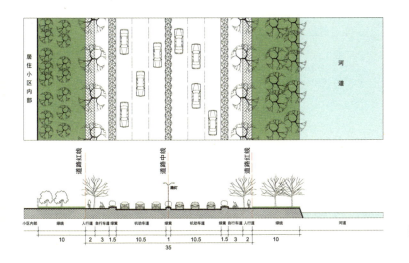

图 5-11　某干道局部段落的平面与断面图

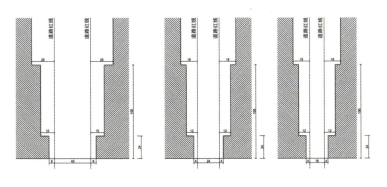

图 5-12　某规划条例实施细则管控下的沿街新建建筑可建范围

其三，老城里已经形成的沿街小商业店铺需统一进行门头出新和清理占道经营。这是在自下而上的改造形成后，自上而下开展的管控维护，往往采用高度统一的视觉元素来整理街道界面。管控之后，街道变得干净整齐了，可是街道的一些趣味性却消失了。

自下而上的活力趣味

自上而下的界面控制保证了视觉上的整齐一致，但在生活性街道里，这却与使用者实际的街道体验存在脱离。作为城市公共生活的载体，有趣味的、形态多样的、舒适的、易辨识的街道界面往往才是使用者更需要的，也才会吸引人们来此驻足参与。

有趣味性的街道界面，能够让人在行进过程中有得看、有得听、有得闻。生活性街道的魅力之一就在于行进过程中的变化。相比于整齐划一的栏杆、围墙界面，人们更倾向于丰富变化的街道界面。南京城里大部分有趣味的生活性街道往往会呈现这样一些界面形态属性：建筑紧靠街道，并形成较为连续的底层界面，呈现非松散间隔的状态；建筑底层向街道打开，建筑内部发生的事情与街道空间产生积极互动，并鼓励人们进入；小尺度的界面单元，既赋予街道界面以细节与丰富性，也具有较强的适应性，利于小商家的租赁和变更。

形态多样的界面，可附着多种活动，会使街道具有从早到晚的持续活力。无论是建筑使用功能的混合、店铺装饰形态和经营内容的多样，还是服务于不同人群的界面单元的拼贴状态，都让街道在不同时间段充盈着浓浓的生活气息。

舒适的街道界面，能够适应气候和天气的变化，让人愿意停留其中。在舒适的街道界面中，人们冬天可以晒到太阳，夏天可以遮阴乘凉，有树木相伴，不受大风、沙尘的干扰，在适当的位置可以休憩或开展室外活动。舒适的界面应能适应天气的变化。可开闭的遮阳棚、可收放的临时设施等虽然不利于街道景观的整齐划一，却不是生活性街道的敌人。

易辨识的界面，能够为街道赋予特点，让人印象深刻。一条运行良好的街道往往成为社区的灵魂，为人们津津乐道。

5.1.3 关于街道观念的反思

城市形态被如何解读与认知，影响着未来的城市被用什么样的方法设计与管理。提升当代规划设计中对街道生活性的理解及塑造意识，显得必要而迫切。

1）由"单一目标"转向"多维价值"

以机动交通的高效通行作为单一价值取向的城市道路建设，使得街道的场所属性被忽略，逐渐导致街道的退化，除机动车以外的其他出行方式变得越来越困难。如图5-13所示，当步行作为交通系统的最低等级并被限制于树状层级体系的末端时，末端树权之间的联系变得非常不便。加上当代居住小区的门禁模式使得各个树权成为封闭的单元，步行路径之间的连通性较差，大大增加了步行出行距离。街道作为重要的城市公共空间，在当前规划体系中较少被提及。"城市道路系统规划"占据主导，却较少有关于街道的规划设计。

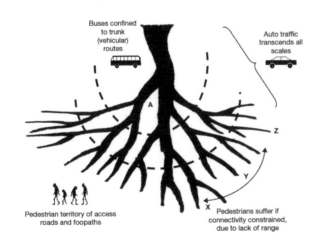

图5-13 机动交通主导的道路系统

街道并不仅仅是交通通行的通道，更是具有多维属性的城市场所。街道规划设计应由"机动车行为主"转向"多种通行方式综合考虑"，树立街道作为多维价值取向的活动通道的基本观念。生活性街道的主要职能应从车行优先转向以人为本，关注人性化尺度，保证慢行的优先级，提供多元化的公共服务与休闲空间，营造舒适宜人的街道环境，促进社区生活与片区繁荣。

从承载的功能属性角度出发，城市街道可分为交通性街道、生活性街道与景观性街道。不同类型的街道活动也对物质空间形态提出了不同的要求。设计应有意识地区分街道的功能属性，并给予其不同的建构与管控策略，如交通性干道以机动交通的快速通行为目标，而生活性街道则更注重营造步行友好、舒适宜人的环境。不同的功能属性之间并不相互排斥，一条街道可以同时兼顾两类属性，甚至成为多类属性复合的空间场所。

街道的宽度与其承载的机动车流量和速度并不一定是正比关系，而应根据街道所需承载的实际功能进行合理配置，甚至根据街道段落活动的需要而变化。为不同交通方式所设置的通道，若简单地分为车行道与人行道，难免导致机动车的强势，给其他街道活动带来不便甚至危险。可考虑根据通行速度设置相应的通行带，如高速通行带对应机动车，中速通行带可对应低速机动车、自行车、公交等，低速通行带对应跑步、自行车、轮滑，而缓速通行带则主要对应步行与街边停留。这意味着，并不鼓励每类交通工具在所有街道上都达到该交通通行方式能够达到的最快速度。机动交通本身并非街道生活的敌人，快速成股的机动车流却很容易扼杀其他街道公共活动。因此，一些生活性街道，虽然机动车是可通行的，但应设计一些物理措施来限制机动车速度，为低速及缓速通行提供活动空间。

2）由"抢占空间"转向"复合共享"

以道路红线或地面线作为专业分隔线的制度导致街道空间的割裂。街道设计应打破专业间的壁垒，打破地上地下的割裂，从各自为战转向视野共享，因地制宜地开展街道整合设计与空间统筹利用（图5-14）。

从空间维度来看，街道并非孤立存在，而是相互衔接，应被以系统思维看待。不同街道或者不同段落应承载各自的职能，避免工程模板化。可以以城市设计为引领，进行地上地下一体化的空间设计，鼓励空间复合与高效利用。街道家具与设施从各自分离、自成系统向整合高效、智能智慧转变，提升利用效率。从时间维度来看，好的生活性街道空间可以通过不同时间段的利用实现复合共享。在成熟的社区里，越是有活力的街段，越会吸引更多人去，因为那里有较多的碰面机会，会发生更多有趣味的事情。并且由于邻里的监视作用，这样的街段对老人和孩子来说也更加安全。

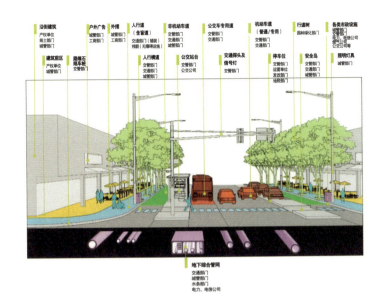

图 5-14 街道空间的构成要素

3）由"冲突矛盾"转向"协调配合"

街道环境的塑造主要分为三个阶段，涉及五方主体（图 5-15），是总体规则之内各角色共同参与的过程，每个环节都需要多方的有序配合。设计方、施工方、审批方、管理方、使用方之间应加强沟通，以实现成果共享、高效衔接、灵活协作的目的，保证意图的有效传达。应拓展社会力量对街道的支持，建立社区认同感，鼓励市民的共同参与。

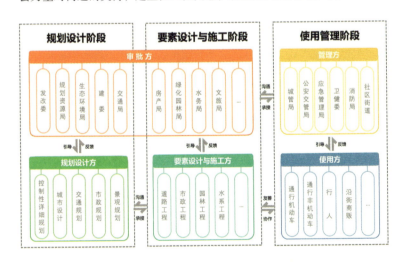

图 5-15 街道环境塑造的参与者及其相互关系

生活性街道环境在城市各方利益的博弈下形成，实现的过程是缓慢而多元的，并非自上而下一次塑形而成，也不是能够进行精准形态控制的，其塑造需要时间的积累以及各方力量的积极参与。作为中国城市形态的典型单元，生活性街道是最能反映自下而上与自上而下力量汇聚并相互博弈的场所之一。生活性街道在社区发展过程中应运而生，街道形态与其形成的时代、居民的生活方式等都息息相关，使用者在街道形态的塑造过程中发挥了极大的创造力。街道是多样行为共同参与的结果。无论是居民、商铺店主、过路人，还是临时小摊贩等，都是街道的主人，他们相互促进，使得街道生活呈现丰富的变化。城市自发行为有其发生的原因与规律，城市规划和管理应充分尊重和理解自下而上的需求，顺应规律，提供适应性强的、具有潜力的基础实体和空间，鼓励使用者积极参与，并进行有效的控制和引导，为其提供生长的平台。城市管理也必须充分考虑各方利益，只有这样，长期有效的管理才能进行。

5.2　城市设计中塑造生活性街道的实践探索

结合本书前几章的研究结论，本节在运用层面，对如何在上与下的有序互动中规划与建构生活性街道提出建议。笔者所在的城市建筑工作室（Urban Architecture Laboratory，以下简称"UAL"）是依托东南大学建筑设计研究院有限公司和东南大学建筑学院，以"城市建筑"为主要研究方向的产学研一体化团队。本节结合团队近十五年来在城市设计实践中的典型案例，展现对于生活性街道塑造的思考与探索。

5.2.1　片区路网的布局

片区路网的布局，主要体现在与控制性详细规划相对应的地段城市设计层面，包括路网布局采用何种构型模式，路网密度与街区尺度如何确定，路径形态如何设计等方面。

路网布局构型

针对社区内部邻里街道网来说，在倡导以人为本、慢行优先的今天，格网构型与树状层级构型相比具有明显的优势[1]，并拥有更好的连接性。连接性是对街道网络相互连接的数量及多样性的分析参数，好的连接性意味着从街道网中的某点到另一点有更多样的通行路径选择。整个街道网络的连接性可以用其线段数与交叉点数的比值来衡量，该比值越大，

---

1. 可参看本书第一章1.4 形态背后——街道形态认知的理论总结3）两种结构的本质区别。

则街道网的连接性越好。对步行者来说，连接性较好的街道网增加了出行的灵活性，能使出行者更加方便地到达目的地。对中慢速机动交通来说，连接性好的街道网具有较强的应变能力。当一条街道车流量较大时，人们可以自行选择从其他路径通行，以避免拥堵。

路网密度与地块功能的综合调配

针对"大街坊、宽马路"模式所带来的城市空间问题，近年来，"小街区、密路网"模式在中国城市规划建设中被倡导与应用。那么城市设计应该如何理性地判断窄密路网的合理尺度及其适用范围呢？合理的路网密度离不开对街区使用功能的定性，并应建立在与用地指标适配的基础上。

在 2008 年开展的《南京市河西新城区南部地区城市设计》中，UAL 通过对居住街区基本单元尺度进行研究，建议将居住用地基本地块尺度控制在 2~4 hm²。该尺度具有较强的适应性（图 5-16），有利于小规模的土地开发，并可以通过合并形成 4~6 hm² 的居住街区。在《南京紫东地区核心区城市设计》国际方案征集中，UAL 尝试创建了功能混合的街区组团模式，以实现土地集约利用，并对不同功能类型的街区尺度进行了研究（图 5-17），尝试实现街区尺度、地块功能及其指标配置的综合调配。建立了如共享中心单元、联合办公单元、开放住区单元等多样化的街区开发单元。结合合理的建筑尺度与建筑间距试排，控制街道密度与街区尺度，如商办地块以 1.0~1.5 hm² 为主，地块短边对应山体景观；居住地块以 2~4 hm² 为主；研发地块则相对弹性。街区边长 100~200 m，内部可再次划分次级开发单元。

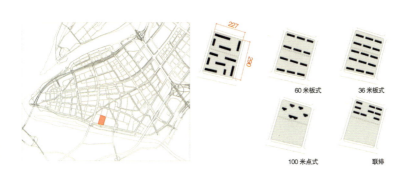

图 5-16 居住用地基本地块尺度研究下的住宅肌理适配性分析

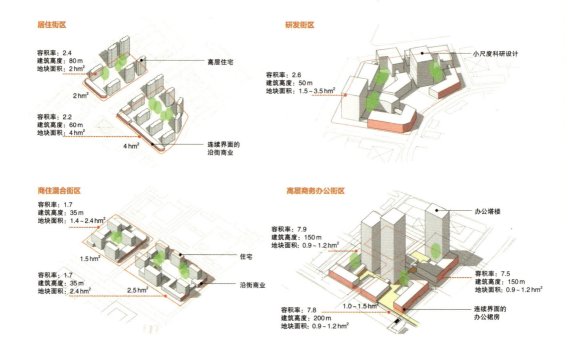

图 5-17 适应不同功能类型的街区尺度研究

路网形态与地形地貌的呼应

街道是体认城市的载体,视觉景观是路网布局应考虑的重要内容之一。南京地处江南丘陵地带,地形起伏而河流迂曲。老城中形成了不少融于自然环境的特色道路或街道,它们或起伏或弯曲,带来的趣味性及其与自然景观的对景关系让人印象深刻。

在《南京紫东地区核心区城市设计》中,UAL 探索了丘陵城市中人工与自然共轭的空间环境塑造策略。为了使地貌特色得到充分利用与展现,城市设计一方面应顺应地势,道路与用地高程应充分尊重原始场地地貌,道路形态自由弯曲。另一方面应关注社区主街与周边山体高点的对景关系,引导沿路视线的方向(图 5-18)。此外,为了保证生态廊道的连通性,在干道的适当位置以高架或下方穿越的形式设置了生物迁徙廊桥。

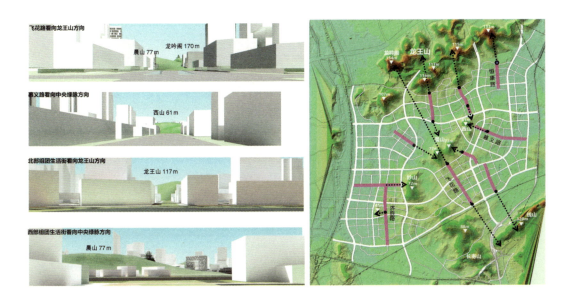

图 5-18 主街方向与周边山体高点的对景关系

5.2.2 "路"与"街"的分级分类引导

功能属性与特色塑造

为了打破以机动交通的通行效率为单一价值取向的道路建构方法，《南京市街道设计导则（试行稿）》从街道的功能属性出发，将街道分为交通行干道、生活性街道、综合性街道与服务性街道[1]。在近年来的城市设计中，UAL尝试从功能属性及景观风貌角度，提出"路"与"街"的分级分类引导策略。

《南京江北新区中心区国际健康城整体城市设计》从功能属性角度将城市道路分为四种类型（图5-19）。1）交通性道路：以机动交通的快速通行为主要功能，与控制性详细规划中的快速路及主干道一致（图5-20）。2）城市级生活性街道：是城市级别的街道，兼具交通与街道公共活动功能，其两侧以公共用地为主，在健康城主要呈现三纵三横的结构。3）社区级生活性街道：是引导社区中公共活动发生的街道。4）服务性道路：主要供城市服务、后勤车辆等使用。在区分"路"与"街"功能属性的基础上，可以将街作为慢行优先的通道，各地块主要人行出入口设置在生活性街道上，而机动交通则主要由服务性道路承担。

此外，道路或街道的景观属性，如滨水或沿山、拥有较好的林荫环

1. 南京市规划和自然资源局. 南京市街道设计导则（试行稿）[EB/OL].（2018-02-08）[2022-11-20] http://ghj.nanjing.gov.cn/ghbz/cssj/201802/t20180208_875978.Html

图 5-19 城市设计中对路与街的功能属性分类引导（左）

图 5-20 控制性详细规划中定义的道路等级（右）

境等，被作为附加属性赋予道路特色。功能属性与附加属性叠加起来，使得健康城的路呈现丰富性与可识别性（图 5-21）。在此基础上，应有针对性地对街道两侧界面提出管控要求，以展现多维城市面貌，而非根据道路宽度与建筑高度僵硬地规定建筑退让道路红线距离。在该城市设计中，对交通性道路而言，强调整体有序的形象，鼓励营造简洁的大尺度界面，因为以机动车快速通行为主的道路无须辨别道路两侧的空间细节；而对于以慢行为主的生活性街道，则要求充分考虑人行体验，将街道断面的亲切感、街道界面的丰富性与趣味性作为重点来进行控制引导。

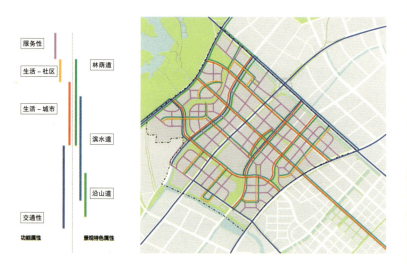

图 5-21 功能属性与附加属性的叠加

人车分流管控方式

将公众可步行通行的邻里街道网络与机动车通行的道路网进行区分，形成人车分流系统，有助于各系统更加高效地运作。图 5-22 展示了干道划分下一个 600 m × 400 m 的街区组团中，公众可步行通行的街道网与机动车通行道路的几种可能组合模式。

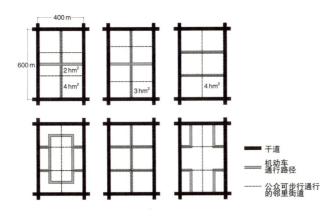

图 5-22 公众可步行通行的街道网与机动车通行道路的可能组合模式

2017 年开展的《新加坡·南京生态科技岛中部核心区城市设计》探索了以研发为主的功能片区里的人车分流模式（图 5-23）。"穿越街区的公共步道"将研发地块内部公共空间串联起来，并与沿河步道等景观空间便捷联系。城市设计意图通过地段与地块两个层级的城市设计导则被落实到管控规则中，并作为土地出让条件的重要组成部分，成为建筑与景观方案审批的依据。图 5-24 左图展示了地段城市设计导则中的慢行系统图，右图为地块城市设计图则中"穿越街区的公共步道"画法示意。管控导则一方面保证慢行友好的步行体验，增加了公众可通行的步道密度；另一方面又需要有一定弹性，使公共步道形态有一定变化调整的余地。因此，城市设计重点对公共步道与城市交叉路口的位置进行了刚性限定，要求"公共步道与城市交叉路口应位于且不小于图示的公共步道预留接口范围"，以保证街区间的便捷联系。而对于地块内部路径的

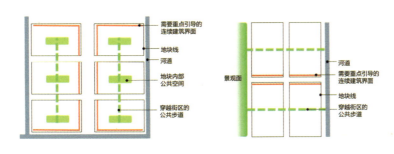

图 5-23 穿越街区的公共步道与地块关系模式图

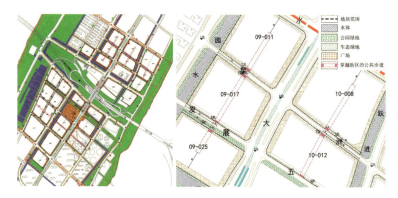

图 5-24　城市设计导则中"穿越街区的公共步道"管控图（左图：地段城市设计导则中的慢行系统图；右图：地块城市设计图则中"穿越街区的公共步道"画法示意）

具体形态，导则中采用虚线示意，进行弹性管控，即公共步道在地块内的形式与形态可以结合未来建筑与景观设计拓扑变形。导则仅要求了最小净宽和最低净高，并给出了若干种空间意向引导。

5.2.3　主街的营造

主街作为邻里街道中最具人气的场所，是社区中不可或缺的物质空间要素。当代一些新城的现实问题在于，将地块出让给开发商后，无论公共服务设施的位置、步行路径的连续性还是建筑肌理的协调性往往都缺乏关联，地块各自割据。沿街区某边设置公共服务小商铺是随机选择的结果，既没有系统设计，也缺乏连续性的控制引导。因此，UAL 团队尝试在片区与地段层级的城市设计中引导主街发生的位置，并通过一系列措施为其健康生长提供条件。

主街的选取

本书第四章的调查分析揭示，作为主街的街道在街道网布局层面宜满足这样一些空间形态特征。1）可达性。主街的位置宜位于社区中部，使大部分居民十分钟步行可达。具有以下两项参数属性的街道通常拥有较好的可达性，更易成为主街。（a）连接性强：与较多的其他街道相交或相连，拥有多个出入口，人们来此可以有多种路线选择。（b）深度低：从城市干道上通过较少的几次转换就可以到达该街道。若将城市干道设为基准路径，深度为 0，则主街的深度宜为 1 或 2。2）须达性。承载公共活动，与社区的一些活力点或是公共设施相联系，如社区中心、公共绿地、学校、公交站等，这使得主街具有天生的人气，有利于主街的繁荣生长，也使得每条主街拥有独特的个性。3）微气候的舒适性。在街道网布局层面，可以重点考虑主街的方向，使其有利于引入夏季风、屏蔽冬季风，以及主街与自然景观资源的结合。

图 5-25　主街的选取

《南京紫东地区核心区城市设计》用一条特色链（parklink）串联若干条社区主街的结构。如图 5-25 所示，根据道路的功能属性及空间特色，道路被划定以下几类。1）景观大道：与周边片区联系的交通性干道，具有沿山沿水的景观特征。2）特色链（parklink）：是整个地段的特色认知环、风貌展示环，是以休闲观光和慢行健身为主的绿色出行廊道。它串联起三大滨湖公园，并穿越各组团中心节点与各组团主街垂直相交。3）主街：是各组团单元内部鼓励公共慢行活动聚集与社区交往的街道，主要呈放射状从中央向各组团内部延伸。沿街建筑应面向主街，布置丰富的商业及公共服务设施，营造舒适宜人的步行空间环境。图 5-26 结

图 5-26　主街的特色塑造（左）

图 5-27　主街的方向有利于建立夏季风廊（右）

合各组团特征引导了各条主街的特色。为了营造舒适宜人的街道环境，大部分主街的方向有利于引入夏季主导风，阻挡冬季主导风（图5-27）。此外，城市设计也应结合日照测算，保证主街的大部分段落有较好的冬季日照。

主街与用地的综合配置

主街的须达性要求其承载公共活动，与其他城市活力点便捷联系，共同参与社区活力的建构。因此，主街必须与社区用地综合组织，街道与其他要素的关系应统筹考虑。

《南京市河西新城区南部地区城市设计》重点将主街与河道、社区公共绿地、社区中心、中小学校与幼儿园等的关系纳入规划设计，以提升主街的活力。图5-28展示了该城市设计中8个社区的主街与社区其他公共要素的关系，这也使得每条主街都拥有独特的个性。

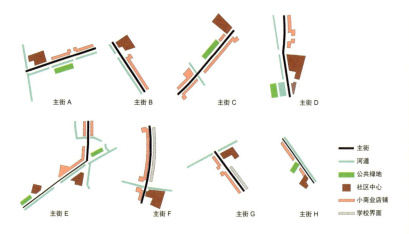

图5-28　主街与社区公共用地的综合配置

图5-29展示了《南京江北新区中心区国际健康城整体城市设计》中每个社区主街的位置及其与其他公共用地的关系。在这里，主街成为社区生活的主脊，串联起社区中心、公共绿地、学校等活力节点。每个社区都拥有一到两条主街。主街之间尽可能通达联系，并与城市级公园相接，建构起适宜慢行的公共活动网络。

图 5-29 各社区主街与公共服务设施的关系

主街的断面设计

主街的断面设计关键要打破道路红线的界限及专业间的壁垒，避免工程模板化，因地制宜地开展整合设计，鼓励空间复合与高效利用。

《南京紫东地区核心区城市设计》通过"公共设施带"的设计探索了街道空间的弹性设计与设施的集约整合。图 5-30 与图 5-31 分别展示了主街的典型段落平面与断面。可以看到，机动车道与非机动车道之间有一条可以灵活变化的空间带，即"公共设施带"。带内可以结合主街两侧用地性质及路段功能需求，进行多样化的设计。可设置的内容包含雨水花园、临时停车带、集中自行车停车点、公交站台、街道家具（如休憩座椅、小型活动器具、垃圾桶等）（图 5-32）。

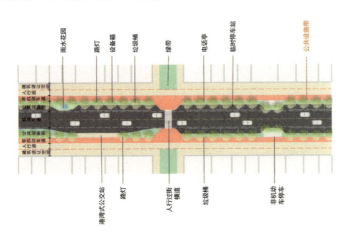

图 5-30 主街的典型段落平面——可适应变化的公共设施带设计

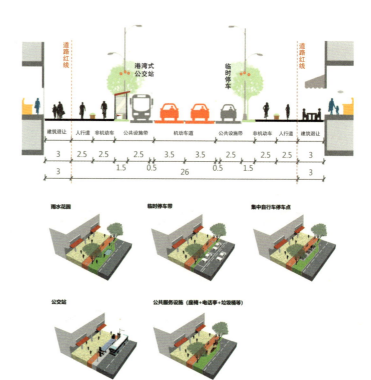

图 5-31 主街的典型断面

图 5-32 公共设施带不同段落的可能模块

该项目还尝试将一条主街与市政河道结合，带来独特的主街空间体验（图 5-33）。一般来说，常见的规划做法是将市政河道设置于城市道路一侧，并通过沿河绿带进行过渡。由于正对晨山山头，该条主街景观条件优越，同时这个位置是一条自然汇水线所在。城市设计团队与水系规划团队、交通规划团队协作，将河道设置于主街中部，沿河营造亲水步道，并纵向设置过水坝，沿河慢行可以感受到水位的跌落。沿街设有丰富的公共服务设施及商业界面，鼓励公共慢行活动聚集与社区交往。此外，沿河的缓坡保护带种植樱花，与路名"飞花路"相呼应。

图 5-33 与市政河道相结合的主街断面设计

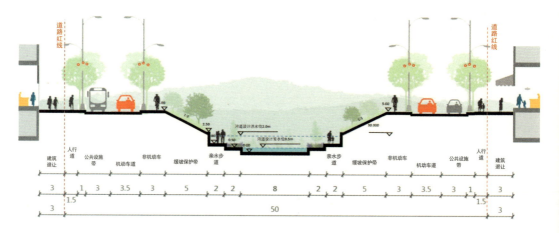

主街氛围的细部营造

主街的营造还离不开一些微观环境的设计，它们与人的体认感受息息相关。除了设计与管理外，主街的营造还离不开使用者们的监督与维护（图5-34）。

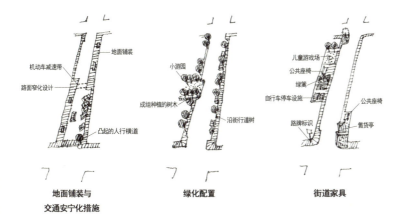

图5-34　街道的微观环境设计示例

a. **稳静化设计**：主街的交通通行方式可以是人车共享、人车分离，抑或是限制机动车通行，但必须充分考虑以步行为主的慢速通行环境的安全舒适。若采用人车共享模式，可采取适当措施控制机动车速，如减小路缘石转弯半径、设置交通稳静化设施等，使得街道更加慢行友好。图5-35展示了某城市设计在交叉路口的稳静化引导，包括设置路缘延展区、全铺装交叉口等。该案例设计证明，将路缘石转弯半径减小到5m

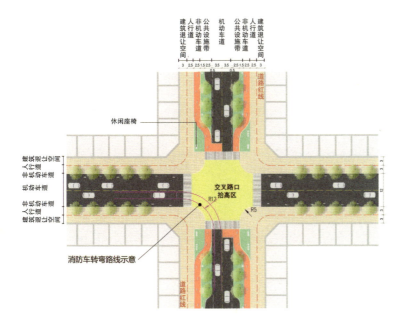

图5-35　在交叉路口的稳静化引导

1.EWING R, BROWN S J. U.S. Traffic calming manual. Chicago: ASCE Press, 2009.

不会对消防车的路口转弯造成影响。一些常用的稳静化措施还包含机动车道窄化、道路曲化、设置小型交通环岛、路面抬高、设置减速铺装等[1]。（图5-36）

图5-36 常用的稳静化措施示例

b. 绿化配置：应考虑植物的多样性和地方适应性。可以在城市设计中对绿化的整体风貌与重要节点提出引导要求，如树种类型、绿地率、绿化覆盖率等，并在景观设计阶段深化落实。植物种植、环境小品设计等可以为主街的核心段落提供防风、防尘、遮阳等条件，营造舒适宜人的街道环境。

c. 路边停车：在不影响交通通行并不侵占街道活动场所的前提下，路边停车带的设置有利于在快速机动车道与人行空间之间形成阻隔，并增加主街的人气。

d. 街道家具：根据主街两侧用地功能及行为活动类型，设置相应的街道家具，如公共座椅、路灯、售货亭、垃圾桶、路牌标识等（图5-37），并鼓励居民对其使用与维护状态进行监督。广告店招等不可对公共步行空间的连续通畅造成不利影响。

图5-37 街道家具的设置

5.2.4 街道界面管控规则的制定

以街道属性来定义街廊

在传统规划方法中,一方面,交通专业通过设计车速和交通流量来定义道路等级,赋予相应的道路间距、宽度及断面形式,承担道路红线以内的空间形态塑造。另一方面,规划专业基于二维土地划分赋予地块用地性质与指标,建筑专业则承担地块内的空间形态塑造(图5-38左图)。在这样的基本逻辑下,街道两侧常常归属不同的责任单位,很容易形成街道两侧风貌不协调的问题。此外,在新城区建设广泛的地块出让模式下,各个地块往往各自为政地为自家楼盘配建沿街服务设施。这些商业界面开在哪条街道的哪个段落成为随机选择的结果,相互之间没有联系,更难以形成系统。

以街道属性来定义街廊可以有效解决以上问题(图5-38右图),有利于街道风貌的整体协调,也有利于街区功能的自然混合。同时,这将使得各个街区各具特色,易于识别。沿街带状的公共服务配套方式也将有效减少出行距离。

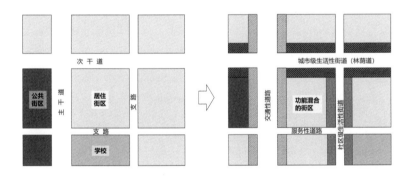

图 5-38 以街道属性来定义街廊

建筑退让道路红线规则

当代中国的建筑退让道路红线规则一般根据道路宽度与建筑高度来要求建筑退让道路红线的最小距离,这种管理方法源于美国。纽约1961年的《城市分区规划法》鼓励建筑向高耸发展,后退并远离街道,并提供了通过容积率奖励来鼓励新建建筑提供城市公共空间的政策。然而,这样做的缺点很快显露出来。人们发现,通过街道后退形成的高塔形建筑使曾经以步行为导向的街道空间逐渐消失,产生了一些空无人烟的广场空间。于是，在后来的几十年里，很多修正案相继出现，传统城市中街道与建筑的相互依赖关系被重新看待。纽约的《新分区规划法》寻求保持城市形态、街道景观、街区尺度等在内的形态要素。新城市主义认为，过大距离的建筑退让道路红线无法创造亲切宜人的街墙环境，破坏了步行者对场所的认知，使得步行行为既不愉快也不方便，因此鼓励建筑物与街道发生紧密的联系，以构建舒适安全的公共空间领域。

生活性街道需要亲切宜人的街道空间尺度，过大的建筑退让道路红线距离并不适用。因此，一些设计导则开始通过贴线率对建筑界面的贴合性与连续性进行控制。但过高的贴线率又容易造成主街界面的单调，使其失去多样性及空间的应变能力。此外，当代中国现行的相关工程规范、技术规定、工程技术条件等，也对退让距离提出了相应要求。必须综合考虑并设置相对弹性的管控方法，因地制宜地提出有针对性的管控要求。

《南京江北新区中心区国际健康城整体城市设计》依据道路或街道的功能属性，进行了针对性的控制引导（图5-39）。重要交通性道路以机动车快速通行为主，界面塑造的主要目标是建立城市形象，因此鼓励明确有序且较大尺度的界面，主要通过建筑对位率来进行管控；沿城市级生活性街道塑造城市特色，关注街道感受，因此要求界面整齐、连续，有一定细节，并对界面的公共性提出要求；社区级主街的主要服务对象是社区居民，鼓励塑造尺度宜人、连续而富有变化的公共界面，并对两层及以下建筑界面提出了贴线率管控要求；临重要绿色开敞空间则鼓励塑造裙房较为整体连续、塔楼高低错动的界面。在以上基本规则的指引

图5-39 城市设计中定义的界面类型

下，城市设计综合考虑用地功能、沿街公共活动需求、消防、地下室支护、地下管线接入要求，以及各条路沿线的实际情况，制定了可落地性较强的建筑退让规则，如图5-40所示，并落实到城市设计管控图则中。

		实际考虑因素	建议的建筑退让对策
交通性道路		部分路侧已设置防护绿带形成10~20m退让	浦珠路无防护绿带路段退让道路红线8m，沿其他交通性道路建筑退让绿带绿线3m，沿交通性道路设置对位率要求
生活性街道	定山大街	消防、地下室支护、地下管线接入要求	沿定山大街退让道路红线5m，多层与高层统一退让距离，多层设置贴线率要求，高层设置对位率要求
	社区主街	需要街道公共活动空间	裙房退让道路红线5m，且仅裙房设贴线率要求，塔楼不设街墙要求
服务性道路	3m		退让距离3m，且无街墙要求
蓝线绿线	沿河绿线		建筑退让沿河绿线5m
	无绿线		建筑退让河道蓝线3m
	泄洪沟		建筑退让蓝线3m
围墙		市政设施、中小学校、幼托等用地需设置围墙；居住小区、医院用地可能设置围墙	若设置围墙，围墙统一退让用地边界1.5m，且应为通透形式，围墙高度不大于1.8m，围墙退界应满足路口安全视距的要求

图5-40 关于建筑退让道路红线距离的主要考虑因素与分类制定的规则

由于管控需要，《新加坡·南京生态科技岛中部核心区城市设计》进一步对退让空间进行了细则限定，并将其纳入地块城市设计图则，作为土地出让条件的重要组成部分。对于沿市政道路，"所有公共建筑退界区及围墙退界区都应作为街道公共慢行空间来使用，从地块边线向内1.5m的空间要求应与人行道及沿路绿带一起作为公共步行带，公共步行带内不得设置围墙等建、构筑物。街道家具等附属设施的设置不得影响慢行通行。沿路围墙（含挡土墙）应尽可能采用通透形式，减少实体部分占比，并具有良好的公共景观效果"。对于滨河界面，则重点引导了滨河慢行带与地块高差的衔接关系（图5-41），"从地块边线向内的5m空间应与滨河绿地一起作为公共步行带，公共步行带内不得设置围墙等建、构筑物。临地块边线一侧高程不得高于7m，公共步行带内地面高差起伏坡度不得大于1:2"。

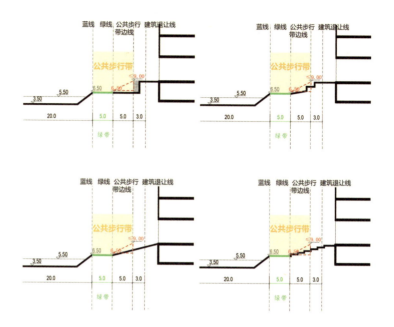

图 5-41 关于滨河界面的管控策略示意

沿街界面形态管控要素

不同于自上而下的管控逻辑所要求的整齐统一,在主街里,界面的趣味性、丰富性、透明性、单元的颗粒度,以及适当的可改造的潜力,往往是使用者更关心也是设计师更应关注的要素特征。

a. **底层界面的方向**:沿主街的界面底层应面向街道,使建筑内部发生的活动能与街道活动互融,也使行人能够方便地进入店铺(图 5-42)。货物运输、机动车辆出入口等宜设置在建筑背面的后巷,避免与主街发生冲突。

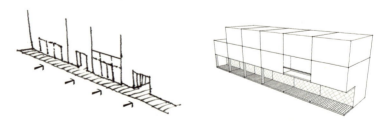

图 5-42 底层界面的方向(左)
图 5-43 界面的连续性(右)

b. **界面的连续性**:主街需要较为连续的街墙界面来营造亲切宜人的空间领域感,这可以通过界面贴线率来进行量化管控(图 5-43),但太高的贴线率容易导致界面过于统一单调。建议在主街的核心段落采用强控,要求界面贴线率达到较高的比例,其他段落则采用弱控,给予一定的弹性。贴线率适用的层数或高度应根据项目条件灵活限定。

在项目实际落地过程中，过于严格的街墙要求往往与消防扑救等工程建设规范相矛盾。城市设计应在形态试做的基础上进行合理的管控取值。南京尝试在部分管控中采用"对位率"来替代"贴线率"，从而进行适当的灵活变通。"对位率"是指建筑物贴建筑控制线的界面长度与建筑沿道路投影面总长度的比值。如图 5-44 所示，对位率 $P1=$ 建筑外轮廓线与街墙控制线重合部分的总长度（$B1+B2+\cdots$）/ 建筑沿道路投影面总长度 $L \times 100\%$。"对位率"要求沿街界面整齐有序，而对连续性的要求则适当放宽，即允许建筑间存在间隙。城市设计管控应根据沿街界面的空间意图选取合理的管控参数。

图 5-44　建筑对位率的计算方法示意

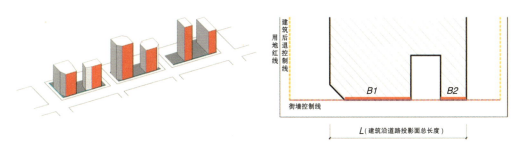

c. **界面的单元性/颗粒度**：主街鼓励形成丰富有趣的街道界面，反对单调冷漠的界面。不同通行速度对街道界面的视觉景观提出了不同要求。对于低速与缓速行进来说，人们希望有一定的视觉信息量，以有得看有得想。单元细密且多样化的界面将增加步行的趣味性，增加街边活动。

颗粒度（细密度）可以被用作描述与引导界面单元性的指标，它指一定街道长度内构成街道界面的基本单元的尺度及多样性。建议主街核心段落的界面颗粒度不大于 5m。城市管理鼓励沿主街小商铺界面单元的丰富性。除特定风貌保护区外，在不影响街道空间整体风貌协调性的前提下，小商铺店主应被赋予对界面单元外立面的适当创意权，不宜对装饰图案等细节提出过多要求，以形成丰富变化的单元形态（图 5-45）。

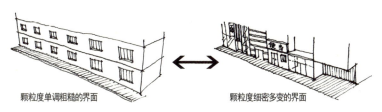

图 5-45　界面的单元性/颗粒度

d. 界面的透明性：好的主街界面对街道生活呈欢迎的态度，室内外常常是互通互融的。透明的界面会让人感觉受到邀请与欢迎，也可以对街道形成监视，有利于街道的安全性。建议主街核心段落的底层界面 50% 以上采用视线可穿透的材质，且使公共活动的相关域可达建筑内部，形成可交流的界面。禁止出现大片的没有细节的实体墙壁或连续的车库门作为主街界面。

e. 界面的断面形式：鼓励沿街建筑为街边活动提供可以遮阳避雨的场所，同时作为建筑与街道间过渡的灰空间，供人休憩交往。界面的断面形态可以是骑楼，也可以是柱廊、阳台等。城市设计中宜采用断面形式，如图 5-46 所示，为建筑设计提供引导与参考。

  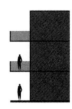 

图 5-46　界面断面形式示例

f. 步行空间的连续性：在街道的实际空间感知中，道路红线内的人行道与建筑前区乃至一些沿街建筑底层所提供的公共空间之间并非泾渭分明。设计与管理应把这些空间作为一个整体来看待，关注地面高度的连续性、空间的连通性，保证畅通便捷的步行环境，并满足无障碍要求（图 5-47）。一般来说，净宽 1.5m 的通道是满足两人舒适并肩行走的最小尺度[1]。

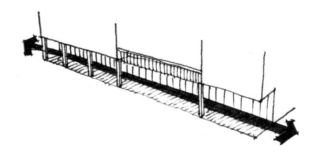

图 5-47　沿街步行空间的连续性

g. 界面改造的潜力：主街的实现过程需要时间的积累。主街的潜力段落，即允许逐步生长的预留段落，应当考虑沿街界面改造的潜力，避免被不具备改造潜力的界面形式（如栏杆、围墙等）完全占据。

1. 卡尔索普. 未来美国大都市：生态·社区·美国梦[M]. 郭亮，译. 北京：中国建筑工业出版社，2009: 96.

沿街界面功能引导策略

  鼓励沿主街界面功能混合，通过三维空间配置使不同功能混合共生。沿街建筑与设施的具体功能可由政府管理部门提出原则，由社区物管进行审批管理，并由居民及小商铺业主共同进行监督维护。

  a. **店铺面引导**：宜在主街的核心段落设置底层店铺面引导，对两侧界面的公共性提出要求，并鼓励街道与建筑内部空间的连通共享。对于东西向的生活性街道，店铺界面应优先设置在街道北侧，以利于冬日阳光沐浴下的室外街道活动。

  b. **入驻店铺审批**：店铺的经营内容对主街氛围的营造具有正向或负向影响。沿街店铺功能的审批，应鼓励与主街活动相融合促进的功能，禁止与其相悖的经营内容。垃圾站、废品收购站容易有异味，五金加工店有噪声与光污染，洗车店前总是污水四溅，这些人们避之不及的经营内容应不被允许进入主街。可在规划设计中提出鼓励与禁止的店铺功能列表，供商铺租赁审批参考。

  c. **多元功能混合引导**：主街在不同时段的持续活力来源于不同人群、不同行为活动的混合。为了适应不同对象的生活习惯，主街需要各类服务设施的充分混合。无论是服务于中老年人的棋牌室、服务于青年人吃夜宵的烧烤摊，还是服务于上班族的快餐店等，经营时间都存在较大差异。好的主街是社区共享的场所，能够满足各类人群的需要，甚至同一空间在不同时段被以不同的方式利用。应鼓励不同类型设施的混合。街道可容纳活动类型的多样性，决定了街道的活力。

  d. **流动小贩与临时设施**：流动小贩与临时设施是主街活动的参与者之一。一些看似凌乱的街道设施，却是根据需要应运而生的。城市管理应充分认识与理解街道生活的需要，引导其活动的场所与时间，而不是强行杜绝它们的出现。

第六章　结语

生活性街道的城市角色

　　本书关于生活性街道的研究缘起于当代城市的现实问题。从车辆的高效通行与城市面貌的整齐统一出发,城市道路被机动交通主导,街道的场所性质被忽略,导致一些新城区里难以构建富有活力的邻里街道环境。而老城里与居民日常生活紧密相关的生活性街道很多来源于自下而上的改造,与自上而下的管理制度存在矛盾与冲突。

　　有关南京城市街道的问卷访谈与田野调查揭示出生活性街道在邻里日常生活中的重要地位。本书关注使用者眼中的生活性街道的空间环境品质,肯定其在当代城市中的积极作用。除交通通行外,生活性街道更应被作为复杂的综合体来看待,从使用者视角来进行衡量和评价。因此,当代规划设计与管理对街道生活性的塑造意识亟须提升,以营造为"人"服务的高品质街道环境。

生活性街道的解读方法

　　近现代西方城市理论经历了从反街道到回归街道的过程,本书通过对街道形态类型的归纳及演变规律的梳理,建立了基于形态类型学理解与认识街道规律的大背景。本书进一步从南京城市街道形态入手,探寻形态特征,归纳形态类型,诠释形态规律,主要从邻里街道、生活性街道、主街这几个层面递进展开,探索中微观视野下适合中国城市的街道呈现与解读方法。第二章从街道的方向、密度、宽度与几何构型几方面对南京老城街道布局形态的总体特征进行了呈现与分析。第三章与第四章分别从"自上而下的发生规则"与"自下而上的生长变化"两条线索展开对生活性街道生成机制的解析。一条线索自上而下地为邻里街道布局形态百厘清脉络，发现自上而下的力量对邻里街道的布局起决定性作用，不同政治经济制度与规划方法下的街道布局呈现各自的形态特征。根据这些特征，南京邻里街道的布局形态可以归纳为六种基本类型：A 传统老街巷型、B 民国住区规划型、C 老城内部改造型、D 20 世纪 80—90 年代的居住区建设型、E 老城边缘改造型，及 F 新城区居住开发型。另一条线索自下而上地观察与捕捉生活性街道的存在方式，发现生活性街道的空间形态在自下而上的力量影响下逐步发展，与使用者的改造利用密不可分。本书通过现实观察记录，展现街道生活的真实面貌。本书虽以南京城市生活性街道为主要研究载体，但对城市形态的分析与解读方法并不局限于此。

生活性街道的内在规律

生活性街道的形态是上与下力量相互博弈的结果。规划设计只有在充分认识理解城市自发规律及其作用机制的基础上，才能进行有效的设计与控制引导。本书在全面考察各类生活性街道使用状态的基础上，捕捉街道活动的发生特点，揭示生活性街道的内在规律。第一，在街道网布局层面，本书重点考察了主街的发生位置及规律，发现其主要受两大类因素的影响：内在构型参数为主街的生长提供基础，如连接性、深度、方向等；一些外在因素进一步对其产生制约或诱发，如街道界面的潜力、街道断面的空间分配方式、活力点的位置等。第二，在街道空间体验层面，本书通过对典型主街及其容纳的街道活动进行深入观察，理解不同街道活动所依托的微观空间形态，归纳主街应具备的要素特征，发现相比于视觉上的整齐统一，界面单元的颗粒度、变化性、趣味性等形态特征才是使用者更关心也是设计师更应关注的方面。

生活性街道的塑造策略

生活性街道环境的塑造涉及多方主体，是多角色共同参与的结果，也是缓慢而多元的过程。在基本观念方面，必须打破以机动交通的快速高效通行为目标的单一价值取向，树立街道作为多维价值取向的活动通道的基本观念。打破以道路红线或地面线作为责任专业或管理的分隔线，从各自为战转向视野共享，因地制宜地开展街道整合设计，鼓励空间复合与高效利用。打破不同管理部门之间以及上与下力量之间的壁垒，建立高效衔接、灵活协作的机制，并鼓励每一个街道使用者积极参与。

本书基于团队近年来在城市设计项目中的实践经验，从"片区路网的布局""路与街的分级分类引导""主街的营造""街道界面管控规则的制定"等多方面逐层递进地分享关于生活性街道的设计思考及实践管控策略，旨在一方面为城市形态的塑造提供明确的框架与秩序，另一方面赋予街道形态以多样性与变化。需要特别说明的是，生活性街道的建构与生长并非自上而下一次塑造而成，也不是一项能够精准控制的工作。规划设计与管理必须在充分认识与尊重城市自发规律的基础上，为自下而上的力量留出余地，组织其积极有序地参与城市建构，以有效地引导城市健康发展，还城市以持续的活力。

参考文献

A 专著

街道形态专项研究

[1] ANDERSON S. On Streets[M]. Cambridge: MIT Press, 1978.

[2] APPLEYARD D, GERSON M S, LINTELl M. Livable streets[M]. Berkeley: University of California Press, 1981.

[3] BURTON E, MITCHELL L. Inclusive urban design: streets for life[M]. Oxford: Architectural Press, 2006.

[4] GIRLING C L, KELLETT R. Skinny streets and green neighborhoods: design for environment and community[M]. Washington, D.C.: Island Press, 2005.

[5] JACOBS A B. Great streets[M]. Cambridge: MIT Press, 1993.

[6] JACOBS A B, MACDONALD E, ROFÉ Y. The boulevard book: history, evolution, design of multiway boulevards[M]. Cambridge: MIT Press, 2002.

[7] MARSHALL S. Streets and patterns[M]. London:Routledge, 2004.

[8] MOUDON A V. Public streets for public use[M]. New York: Van Nostrand Reinhold, 1987.

[9] MOUGHTIN C. Urban design: street and square[M]. Oxford: Routledge, 1992.

[10] RUDOFSKY B. Streets for people: a primer for Americans[M]. 1st ed. New York:Doubleday, 1969.

[11] 施培德. 街道与空间：变奏中的香港城市设计 [M]. 香港：MCCM Creations，2006.

[12] SOUTHWORTH M , BEN-JOSEPH E. Streets and the shaping of towns and cities[M]. New York: McGraw-Hill, 1997.

[13] 沈磊, 孙洪刚. 效率与活力：现代城市街道结构 [M]. 北京：中国建筑工业出版社, 2007.

[14] 芦原义信. 街道的美学 [M]. 尹培桐, 译. 天津：百花文艺出版社, 2006..

城市形态相关研究

[15] APPLEYARD D, LYNCH K, MYER J R,et al. The view from the road. Cambridge: MIT Press, 1964.

[16] BOSSELMANN B P. Urban transformation: understanding city design and form[M]. Washington, D.C.: Island Press, 2008.

[17] CONZEN M P. The making of the American landscape[M]. Boston: Unwin Hyman, 1990.

[18] CLAY G. Close-up:how to read the American city[M]. New York, Praeger: 1973.

[19] DOBBINS M. Urban design and people[M]. Hoboken :John Wiley & Sons,Inc., 2011.

[20] FORD L. The spaces between buildings[M]. Baltimore: Johns Hopkins University Press, 2000.

[21] GANDELSONAS M. X-urbanism: architecture and the American city[M]. 1st ed. New York: Princeton Architectural Press, 1999.

[22] GEHL J. Life between buildings: using public space[M]. 3rd ed. Copenhagen: Arkitektens Forlag, 1987.

[23] JACOBS A B. Looking at cities[M]. Cambridge: Harvard University Press, 1985.

[24] KOSTOF S. The city assembled: the elements of urban form through history[M]. Boston: Little,Brown and Company, 1992.

[25] KOSTOF S, TOBIAS R. The city shaped: urban patterns and meanings through history[M]. Boston: Little, Brown and Company, 1991.

[26] KRIER R. Urban space = stadtraum[M]. New York: Rizzoli International Publications, 1979.

[27] LYNCH K. A theory of good city form[M]. Cambridge: MIT Press, 1981.

[28] CONZEN M R G. Alnwick, Northumberland: a study in town-plan analysis[M]. London: Institute of British Geographers, 1969.

[29] MOUDON A V. Built for change: neighborhood architecture in San Francisco[M]. Cambridge: MIT Press, 1986.

[30] PANERAI P, CASTEX J, DEPAULE J C, et al. Urban forms: death and life of the urban block[M]. Oxford: Architectural Press, 2004.

[31] RAPOPORT A. Human aspects of urban form: towards a man-environment approach to urban form and design[M]. Oxford: Pergamon Press, 1977.

[32] RASMUSSEN S E, GUNST M A. Towns and buildings described in drawings and words[M]. Cambridge: Harvard University Press, 1951.

[33] SITTE C. City planning according to artistic principles[M]. New York: Random House, 1965.

[34] WHYTE W H. The social life of small urban spaces[M]. Washington, D.C.: Conservation Foundation, 1980.

[35] 盖尔,吉姆松.新城市空间[M].何人可,张卫,邱灿红,译.北京:中国建筑工业出版社,2003.

[36] 雅各布斯.美国大城市的死与生[M].金衡山,译.南京:译林出版社,2005.

[37] 林奇.城市意象[M].方益萍,何晓军,译.北京:华夏出版社,2001.

[38] 亚历山大,等.建筑模式语言:城镇·建筑·构造[M].王昕度,周序鸿,译.北京:知识产权出版社,2002.

[39] 罗西.城市建筑学[M].黄士钧,译.北京:中国建筑工业出版社,2006.

[40] 康泽恩.城镇平面格局分析:诺森伯兰郡安尼克案例研究[M].宋峰,许立言,侯安阳,等译.北京:中国建筑工业出版社,2011.

[41] 段进,邱国潮.空间研究5:国外城市形态学概论[M].南京:东南大学出版社,2009.

[42] 胡俊.中国城市:模式与演进[M].北京:中国建筑工业出版社,1995.

[43] 梁江, 孙晖. 模式与动因: 中国城市中心区的形态演变 [M]. 北京: 中国建筑工业出版社, 2007.
[44] 武进. 中国城市形态: 结构、特征及其演变 [M]. 南京: 江苏科学技术出版社, 1990.
[45] 熊国平. 当代中国城市形态演变 [M]. 北京: 中国建筑工业出版社, 2006.

城市设计理论和方法研究

[46] BACON E N. Design of cities[M]. Rev. ed. New York, Viking Press: 1974.
[47] CULLEN G. Concise townscape[M]. New York:Routledge, 2012.
[48] KELBAUGH D S. Repairing the American metropolis: common place revisited[M]. Seattle: University of Washington Press, 2002.
[49] JONG T D, VOORDT T V D .Ways to study and research architectural, urban and technical design[M]. Delft: DUP Science, 2002
[50] LANG J T. Urban design: a typology of procedures and products[M]. Oxford: Architectural Press, 2005.
[51] LARICE M, MACDONALD E. The urban design reader[M]. London: Routledge, 2013.
[52] LECCESE M, MCCORMICK K, CONGRESS FOR THE NEW URBANISM. Charter of the new urbanism[M]. New York: McGraw Hill, 2000.
[53] MADANIPOUR A. Design of urban space: an inquiry into a socio-spatial process[M]. Chichester: Wiley, 1996.
[54] MOUGHTIN C. Urban design : method and techniques[M]. New York:Routledge, 2003.
[55] RITTER P. Planning for man and motor[M]. New York: Macmillan, 1964.
[56] SHIRVANI H. Beyond public architecture: strategies for design evaluation[M]. New York: Van Nostrand Reinhold, 1990.
[57] SHIRVANI H. The urban design process[M]. New York: Van Nostrand Reinhold, 1985.
[58] TALEN E. Design for diversity: exploring socially mixed neighborhoods[M]. Amsterdam: Architectural Press, 2008.
[59] TRANCIK R. Finding lost space: theories of urban design[M]. New York: Van Nostrand Reinhold, 1986.
[60] VENTURI R, BROWN D S, IZENOUR S. Learning from Las Vegas: the forgotten symbolism of architectural form[M]. Cambridge: MIT Press, 1977.
[61] 库德斯. 城市形态结构设计 [M]. 杨枫, 译. 北京: 中国建筑工业出版社, 2008.
[62] 亚历山大, 奈斯, 安尼诺, 等. 城市设计新理论 [M]. 陈治业, 童丽萍, 译. 北京: 知识产权出版社, 2002.
[63] 戈斯林 D, 戈斯林 M C. 美国城市设计 [M]. 陈雪明, 译. 北京: 中国林业出版社, 2005.
[64] 罗, 科特. 拼贴城市 [M]. 童明, 译. 北京: 中国建筑工业出版社, 2003.
[65] 格鲁特, 王. 建筑学研究方法 [M]. 王晓梅, 译. 北京: 机械工业出版社, 2005.
[66] 艾伦. 点 + 线: 关于城市的图解与设计 [M]. 任浩, 译. 北京: 中国建筑工业出版社, 2007.

[67] 克里尔. 城镇空间：传统城市主义的当代诠释 [M]. 金秋野，王又佳，译. 北京：中国建筑工业出版社，2007.

[68] 芦原义信. 外部空间设计 [M]. 尹培桐，译. 北京：中国建筑工业出版社，1985.

[69] 片山和俊，新明健. 都市空间作法笔记 [M]. 陶新中，译. 北京：中国建筑工业出版社，2005.

[70] 韩冬青，冯金龙. 城市·建筑一体化设计 [M]. 南京：东南大学出版社，1999.

[71] 王建国. 城市设计 [M]. 南京：东南大学出版社，1999.

[72] 庄宇. 城市设计的运作 [M]. 上海：同济大学出版社，2004..

交通规划、道路景观等相关研究

[73] EWING R, BROWN S J. U.S. traffic calming manual[M]. Chicago: ASCE Press, 2009.

[74] EWING R. Traffic calming state of the practice slide seminar[M]. Washington, D.C.: Institute of Transportation Engineers, 1999.

[75] GLOBAL DESIGNING CITIES INITIATIVE, NATIONAL ASSOCIATION OF CITY TRANSPORTATION OFFICIALS. Global street design guide[M]. [S.l.]: Island Press, 2016.

[76] 土木学会. 道路景观设计 [M]. 张俊华，陆伟，雷芸，译. 北京：中国建筑工业出版社，2003.

[77] 哈斯克劳，诺尔德，比科尔，等. 文明的街道：交通稳静化指南 [M]. 郭志锋，陈秀娟，译. 北京：中国建筑工业出版社，2008.

[78] 熊广忠. 城市道路美学：城市道路景观与环境设计 [M]. 北京：中国建筑工业出版社，1990.

[79] 缪朴. 亚太城市的公共空间：当前的问题与对策 [M]. 司玲，司然，译. 北京：中国建筑工业出版社，2007.

[80] 陈作霖，陈诒绂. 金陵琐志九种 [M]. 南京：南京出版社，2008.

[81] 丁沃沃. 南京城市空间形态及其塑造控制研究 [R]. 南京大学建筑学院，南京市规划局，2007.

[82]（民国）国都设计技术专员办事处. 首都计划 [M]. 南京：南京出版社，2006.

[83] 南京市教学研究室. 南京历史 [M]. 2版. 南京：江苏科学技术出版社，1995.

[84] 南京市地方志编纂委员会. 南京建置志 [M]. 深圳：海天出版社，1994.

[85] 南京市地方志编纂委员会. 南京城市规划志（上）[M]. 南京：江苏人民出版社，2008.

[86] 南京市地方志编纂委员会. 南京市志2：城乡建设. [M]. 北京：方志出版社，2009.

[87] 苏则民. 南京城市规划史稿：古代篇·近代篇 [M]. 北京：中国建筑工业出版社，2008.

[88] 王干. 城市批评：南京卷 [M]. 北京：文化艺术出版社，2002.

[89] 周岚，童本勤，苏则民，等. 快速现代化进程中的南京老城保护与更新 [M]. 南京：东南大学出版社，2004.

B 期刊文章

[90] JACOBS A, APPLEYARD D. Toward an urban design manifesto[J]. Journal of the American Planning Association, 1987, 53(1): 112–120.

[91] BOSSELMANN P, MACDONALD E, KRONEMEYER T. Livable streets revisited[J]. Journal of the American Planning Association, 1999, 65(2): 168–180.

[92] GAUTHIER P, GILLILAND J. Mapping urban morphology: a classification scheme for interpreting contributions to the study of urban form[J]. Urban Morphology, 2006, 10(1): 41–50.

[93] KIANG H C. Learning from Carvajal, an insignificant alley[J]. URBAN DESIGN International, 2001, 6: 191–200.

[94] MOUDON A V. Urban morphology as an emerging interdisciplinary field[J]. Urban Morphology, 1997, 1(1): 3–10.

[95] WHITEHAND J W R. British urban morphology: the conzenian tradition[J]. Urban Morphology, 2001, 5(2): 103–109.

[96] 陈飞. 一个新的研究框架：城市形态类型学在中国的应用 [J]. 建筑学报, 2010(4): 85–90.

[97] 陈浩, 何杰. 街道空间形态量化研究在控制性详细规划中的应用 [J]. 四川建筑, 2009, 29(6): 29–31.

[98] 陈晓扬. 街道网形态研究 [J]. 新建筑, 2003(6): 8–10.

[99] 陈喆, 马水静. 关于城市街道活力的思考 [J]. 建筑学报, 2009(S2): 121–126.

[100] 丁沃沃, 刘青昊. 城市物质空间形态的认知尺度解析 [J]. 现代城市研究, 2007(8): 32–41.

[101] 方榕. 基于城市形态塑造的住区支路网系统设计 [J]. 建筑与文化, 2014(4): 34–39.

[102] 方榕. 生活性街道的要素空间特征及规划设计方法 [J]. 城市问题, 2015(12): 46–51.

[103] 方榕, 刘碧玉. 生活性街道的形态规律及其动因研究：以南京为例 [J]. 城市发展研究, 2022, 29(12): 129–136.

[104] 韩冬青, 方榕. 西方城市街道微观形态研究评述 [J]. 国际城市规划, 2013, 28(1): 44–49.

[105] 邱书杰. 作为城市公共空间的城市街道空间规划策略 [J]. 建筑学报, 2007(3): 9–14.

[106] 王维仁. 消失的街廊：中国当代城市设计的范例 [J]. 建筑师, 1998, 80:16–22.

[107] 赵燕菁. 从计划到市场：城市微观道路 – 用地模式的转变 [J]. 城市规划, 2002(10): 24–30.

C 学位论文

[108] KOLODY A D. The need for comvenient pedestrain movement in the urban form[D]. Calgary: The University of Calgary, 2002.

[109] SEUNG-KOO J. A balance between pedestrian and vehicular movement in relation to street configuration[D]. Atlanta: Georgia Institute of Technology, 1996.

[110] BEN-JOSEPH E. Subdivision guidelines and standards for residential streets and their impact on suburban neighborhoods[D]. Berkeley: University of California, 1995.

[111] 方榕. 生活性街道的形态及其生成机制研究：以南京为例 [D]. 南京：东南大学, 2013.

[112] 费移山. 城市形态与城市交通相关性研究 [D]. 南京：东南大学, 2003.

[113] 高亮. 我国城市街道模式发展研究：以天津为例 [D]. 天津：天津大学, 2008.

[114] 贺璟寰. 城市生活性街道界面研究 [D]. 长沙：湖南大学, 2008.

[115] 黄涛. 街道空间的演变对城市空间形态影响的研究 [D]. 成都：西南交通大学, 2009.

[116] 胡友培. 城市沿街小型商业的形态呈现与成因研究 [D]. 南京：南京大学, 2010.

[117] 薛忠燕. 人性化、情感化的街道空间：控制性详细规划阶段对生活性街道空间的控制和引导 [D]. 天津：天津大学, 2004.

[118] 曾丹. 城市生活性街道安全设计策略研究 [D]. 哈尔滨：哈尔滨工业大学, 2008.

[119] 赵静. 城市生活性街道的宜居性的探析 [D]. 合肥：合肥工业大学, 2007.

[120] 赵谦. 城市道路形态结构性变迁的双重影响：以南京新街口地区为例 [D]. 南京：东南大学, 2009.

[121] 邹晓霞. 商业街道表层研究 [D]. 北京：清华大学, 2006.

图表来源

除以下注明来源的图片和表格外，其他图表均为笔者自绘。

第一章　认识与思路：街道观念及形态的演变

图 1-3 美国城市街道形态布局的三个阶段：SOUTHWORTH M, BEN-JOSEPH E. Streets and the shaping of towns and cities[M]. New York: McGraw-Hill, 1997: 3.

图 1-4 三条街道上的邻里交往程度比较：APPLEYARD D, GERSON M S, LINTELL M. Livable streets[M]. Berkeley: University of California Press, 1981:21.

图 1-5 街边住户对街道环境及邻里关系的评价：BOSSELMANN P, MACDONALD E, KRONEMEYER T. Livable streets revisited[J]. Journal of the American Planning Association, 1999, 65(2): 168–180.

图 1-6 行人经过不同路径时的感知时间比较：BOSSELMANN P. Urban transformation: understanding city design and form[M]. Washington, D.C.: Island Press, 2008:190.

图 1-7 盖得桑纳斯对美国城市街道形态的解读和诠释：GANDELSONAS M. X-Urbanism: architecture and the American city[M]. 1st ed. New York: Princeton Architectural Press, 1999:87.

图 1-8 马歇尔对四种街道形态类型的抽象呈现：MARSHALL S. Streets and patterns[M]. London: Routledge, 2004:139.

图 1-9 罗马时期建设的提姆加德城：KOSTOF S. The city shaped: urban patterns and meanings through history[M]. Boston: Little, Brown and Company, 1991:106.

图 1-10 唐代长安城的街道布局：王才强. 唐长安的数码重建[M] 北京：中国建筑工业出版社, 2006: 21.

图 1-11 罗马城市 1km² 的肌理片段：JACOBS A B. Great streets[M]. Cambridge: MIT Press, 1993: 240.

图 1-12 帕尔马瓦诺城：RASMUSSEN S E. Towns and buildings described in drawings and words[M]. Cambridge: MIT Press, 1969:25.

图 1-13 帕尔马瓦诺城航拍照片：KOSTOF S. The city shaped: urban patterns and meanings through history[M]. Boston: Little, Brown and Company, 1991:19.

图 1-14 1676 年的巴黎：RASMUSSEN S E. Towns and buildings described in drawings and words[M]. Cambridge: MIT Press, 1969: 59.

图 1-15 豪斯曼改造下的巴黎：PANERAI P, CASTEX J, DEPAULE J, et al. Urban forms : death and life of the urban block[M]. Oxford: Architectural Press, 2004:12.

图 1-16 纽约曼哈顿地区的 1km² 街道肌理片段，图 1-17 美国波特兰的 1km² 街道肌理片段：JACOBS A B. Great streets[M]. Cambridge: MIT Press, 1993:232, 238.

图 1-18 赖特的广亩城市设想：卡尔索普. 未来美国大都市：生态·社区·美国梦[M]. 郭亮，译. 北京：中国建筑工业出版社, 2009:33.

图 1-19 柯布西耶《人类的住宅》中的草图：KOSTOF S. The city assembled: the elements of urban form through history[M]. Boston: Little Brown, 1992:235.

图 1-20 柯布西耶 1925 年的伏瓦生规划：KELBAUGH D S. Repairing the American metropolis: common place revisited[M]. Seattle: University of Washington Press, 2002: 137.

图 1-21 佩里的邻里单元模型，图 1-22 Radburn 社区平面：SOUTHWORTH M, BEN-JOSEPH E. Streets and the shaping of towns and cities[M]. New York: McGraw-Hill, 1997:71, 77.

图 1-23 雷德朋的车行和步行系统关系图：GIRLING C L, KELLETT R. Skinny streets and green neighborhoods : design for environment and community[M]. Washington, D.C.: Island Press, 2005:80.

图 1-24 FHA 发布的街道布局建议公告：DOBBINS M. Urban design and people[M]. Hoboken: John Wiley&Sons, Inc., 2009:43.

图 1-25 美国郊区的道路布局形态，图 1-26 加利福尼亚州红树林城的 Woodside Acres：SOUTHWORTH M, BEN-JOSEPH E. Streets and the shaping of towns and cities[M]. New York: McGraw-Hill, 1997: 93,102.

图 1-27 坎迪利斯-琼斯-伍兹在法国图卢斯新城规划项目中老城与新城的比较：KOSTOF S. The city shaped: urban patterns and meanings through history[M]. Boston: Little, Brown and Company, 1991: 91.

图 1-28 肯特兰的街道布局：SOUTHWORTH M, BEN-JOSEPH E. Streets and the shaping of towns and cities[M]. New York: McGraw-Hill, 1997:107.

图 1-29 美国郊区的开发模式与传统城镇的开发模式比较：卡尔索普. 未来美国大都市：生态·社区·美国梦[M]. 郭亮，译. 北京：中国建筑工业出版社, 2009: 49.

图 1-30 卡尔索普的 TOD 原型及其对自然地理条件的适应变型：CALTHORPE P. The next american metropolis: ecology, community, and the American dream[M]. New York: Princeton Architectural Press, 1993: 63, 72.

图 1-31 TOD 街道布局的理想模式与不良模式：卡尔索普. 未来美国大都市：生态·社区·美国梦[M]. 郭亮，译. 北京：中国建筑工业出版社, 2009: 64.

图 1-32 杜安与普拉特-柴伯克的新邻里单元模型：LECCESE M, MCCORMICK K, CONGRESS FOR THE NEW URBANISM. Charter of the new urbanism[M]. New York: McGraw Hill, 2000: 76.

图 1-33 庞德巴里阶段一的总平面和公共空间，图 1-34 庞德巴里阶段一的典型街区平面：PANERAI P, CASTEX J, DEPAULE J,et al. Urban forms : death and life of the urban block[M]. Oxford: Architectural Press, 2004:187,188.

图 1-35 诺利地图片段：RASMUSSEN S E. Towns and buildings described in drawings and words[M]. Cambridge: MIT Press, 1969: 52.

图 1-36 柯布西耶的 7v 道路系统：卓健. 城市街道研究与规划设计：全球 50 个街道案例 [M]. 北京：中国建筑工业出版社, 2010: 68.

图 1-37 柯布西耶设想的光明城市（Radiant City）：DOBBINS M. Urban design and people[M]. Hoboken: Wiley, 2009:56.

图 1-38 雷德朋模式中每户住宅的双重出入口：SOUTHWORTH M, BEN-JOSEPH E. Streets and the shaping of towns and cities[M]. New York: McGraw-Hill, 1997:73.

图 1-39 人车分流的若干种方式：RITTER P. Planning for man and motor[M]. New York: Macmillan,1964:34.

图 1-40 米尔顿·凯恩斯新城的公共设施规划：惠劼，张倩，王芳. 城市住区规划设计概论 [M]. 北京：化学工业出版社，2006: 13.

图 1-41 荷兰乌纳夫共享街道的典型平面：SOUTHWORTH M, BEN-JOSEPH E. Streets and the shaping of towns and cities[M]. New York: McGraw-Hill, 1997:118.

图 1-42 波特兰的新老街道标准比较：EWING R , BROWN S J. U.S. Traffic calming manual[M]. Chicago: ASCE Press, 2009:216.

图 1-43 复合型林荫道及其"步行王国"的基本空间构成：JACOBS A B, MACDONALD E, ROFÉ Y. The boulevard book : history, evolution, design of multiway boulevards[M]. Cambridge: MIT Press, 2002: 212, 217.

图 1-45 城市结构的两种理解：MARSHALL S. Streets and patterns[M]. London: Routledge, 2004: 5.

表 1-1 中图片来源：EWING R, BROWN S J. U.S. traffic calming manual[M]. Chicago: ASCE Press, 2009: 43-54.

表 1-2、表 1-3 中图片来源：JACOBS A B. Great streets[M]. Cambridge: MIT Press, 1993.

第二章 城市形态解析：南京老城街道布局的总体特征

图 2-2 南京老城的街道布局：根据《南京老城控制性详细规划（2006 深化版）》自绘.

图 2-3 不同历史时期形成的互成角度的城市轴线：基于《南京古迹图》《南京都城变迁示意图》《南唐江宁府城图》自绘.

图 2-4 东晋及南朝建康城示意图，图 2-5 南唐江宁府城示意图：苏则民. 南京城市规划史稿：古代篇·近代篇 [M]. 北京：中国建筑工业出版社，2008: 82, 116.

图 2-7 明应天府城图：https://weibo.com/1080201461/N1ldlfmVE.

图 2-9 民国首都干路规划系统图：《南京 1936- 最新南京地图》.

图 2-17 南京城市建成区的扩张过程：分别根据测绘地图 1908《测绘金陵城内地名坐向清查荒基全图》，1943《南京市市街图》，1951《南京市城区详图》，1976《南京市交通图》绘制.

图 2-18 不同时代南京城市建成区的叠加：根据不同历史时期的测绘地图自绘.

图 2-19 20 世纪 90 年代初期老城边缘带分布趋势：根据 1992 年的《南京市区街道图》自绘.

图 2-23 1948 年南京地图中的红庙街区组团：截取自 1948 年 10 月《民国南京市街道详图》.

第三章 生成机制分析：自上而下的发生规则

图 3-2 金陵城西南隅街道图：陈作霖. 凤麓小志 [M]// 陈作霖, 陈诒绂. 金陵琐志九种：上册. 南京：南京出版社, 2008: 38.

图 3-3 清末南京老城南部的街巷肌理：截取自 1908 年的《测绘金陵城内地名坐向清查荒基全图》.

图 3-6、图 3-7：根据 2000 年、2010 年南京老城航拍图自绘.

图 3-8《首都计划》中的道路剖面图：(民国)国都设计技术专员办事处. 首都计划 [M]. 南京: 南京出版社, 2006:75.

图 3-9《首都计划》中的政府职工住宅鸟瞰草图：(民国)国都设计技术专员办事处. 首都计划 [M]. 南京: 南京出版社, 2006:203.

图 3-10 1953 年芦席营工人新村总平面图, 图 3-11 1971 年梅山冶金公司（99424 厂）生活区总平面图：南京市地方志编纂委员会. 南京城市规划志 [M]. 南京：江苏人民出版社, 2008: 677–679.

图 3-12 南京 20 世纪 80 年代建设的新住宅区分布图：根据《南京市城区图》自绘.

图 3-13 居住区的规划结构：同济大学, 重庆建筑工程学院, 武汉建筑材料工业学院. 城市规划原理 [M]. 北京：中国建筑工业出版社, 1981: 258–259.

图 3-14 居住小区内部道路的布置形式：同济大学, 重庆建筑工程学院, 武汉建筑材料工业学院. 城市规划原理 [M]. 北京：中国建筑工业出版社, 1981: 380.

图 3-15 小区级公共建筑定额指标（1980 年国家建委提出）：同济大学, 重庆建筑工程学院, 武汉建筑材料工业学院. 城市规划原理 [M]. 北京：中国建筑工业出版社, 1981:382.

图 3-16 至图 3-19、图 3-21 南京市地方志编纂委员会. 南京城市规划志 [M]. 南京：江苏人民出版社, 2008:682–692.

图 3-20 莫愁新寓的规划结构示意图：朱建达. 当代国内外住宅区规划实例选编 [M]. 北京：中国建筑工业出版社, 1996:200.

图 3-22 河西新城区总体规划总平面图：《南京市河西新城区总体规划》.

图 3-23 1990 年南京主城近期建设规划图中的居住用地分布情况：根据 1990 年的《南京主城近期建设规划图》自绘.

图 3-24 1998年《南京市城市近期建设规划(1999—2001 年)》的居住区规划图：南京市地方志编纂委员会. 南京城市规划志 [M]. 南京：江苏人民出版社, 2008: 208.

图 3-31 颐和路公馆区宅基地划分图：苏则民. 南京城市规划史稿：古代篇·近代篇 [M]. 北京：中国建筑工业出版社, 2008: 310.

图 3-32《首都分区条例草案》中对第一住宅区内建筑形态的控制：根据《首都计划》中《首都分区条例草案》条文自绘.

图 3-42 30 m 以上路幅两边建筑可建区域, 图 3-43 30 m 以下路幅两边建筑可建区域：依据 2007 年版《南京市城市规划条例实施细则》自绘.

表 3-10《南京市城市规划条例实施细则》（2007 年版）中对建筑退让城市道路红线距离的规定：南京市政府颁布，2007 年 8 月 1 日起施行．

第四章　生成机制分析：自下而上的生长变化

图 4-20 南京主城内交通等级较低的街道上的人群活动密度分析：根据南京市 2021 年 9 月 24 日百度热力数据整理绘制．

图 4-25 南京城市街道温度分析（左图：夏季地表温度低于 36℃的街道分布图；右图：冬季地表温度高于 10℃的街道分布图）：根据南京市 2021 年基于遥感影像信息反演的地表温度数据整理绘制．

图 4-29 大数据语义分析下公众所喜爱的南京街道的高频词：根据 2021 年知乎问答数据整理绘制．

图 4-30 公众认知度较高的南京街道分布：根据南京市 2021 年 Flickr 图片数据绘制．

图 4-31 南京某居住区规划总平面图：南京市地方志编纂委员会．南京城市规划志 [M]．南京：江苏人民出版社，2008．

第五章　实践探索：生活性街道的规划与建构方法

图 5-5 某居住区的商业与社区服务设施分布情况：根据 1991 年龙江居住区规划总平面图自绘．

图 5-8 与街道环境相关的各专业走向分离：MARSHALL S. Streets and patterns [M]. London: Routledge, 2004:6-7.

图 5-10 公众感知的街道空间构成：《南京市街道设计导则（试行稿）》，南京市规划和自然资源局，2018 年 2 月发布，UAL 工作室团队参与编制．

图 5-12 某规划条例实施细则管控下的沿街新建建筑可建范围：依据 2007 年版《南京市城市规划条例实施细则》绘制．

图 5-13 机动交通主导的道路系统：MARSHALL S. Streets and patterns. London: Routledge, 2004:180.

图 5-14 街道空间的构成要素，图 5-15 街道环境塑造的参与者及其相互关系：《南京市美丽街道建设指引及案例导引》，东南大学建筑设计研究院 UAL 工作室，2022．

图 5-16、图 5-28：《南京市河西新城区南部地区城市设计》，东南大学建筑设计研究院 UAL 工作室，2008．

图 5-17、图 5-18、图 5-25 至图 5-27、图 5-30 至图 5-35：《南京紫东地区核心区城市设计》，东南大学建筑设计研究院 UAL 工作室，2021．

图 5-1、图 5-19 至图 5-21、图 5-29、图 5-37、图 5-39、图 5-40：《南京江北新区中心区国际健康城整体城市设计》，东南大学建筑设计研究院 UAL 工作室，2017．

图 5-23、图 5-24、图 5-41：《新加坡·南京生态科技岛中部核心区城市设计》，东南大学建筑设计研究院 UAL 工作室，2016.

图 5-36 常用的稳静化措施示例：《Global Street Design Guide》(全球街道设计导则)，Global Designing Cities Initiative, 2016: 133–134.

图 5-44 建筑对位率的计算方法示意：《南京市城市设计成果技术标准（试行）》，南京市规划和自然资源局.

附录　典型街区组团基本信息

A 01　钓鱼台街区组团（1 km × 1 km）

现状街道密度：293 m/hm^2

街区平均面积：0.77 hm^2

街道平均长度：73.30 m

现状航拍图

截取自 1962 年《南京市市区图》

截取自 1908 年《测绘金陵城内地名坐向清查荒基全图》

公众可通行街巷的布局形态
（基于 2011 年的田野调查）

《老城控详》（2006 深化版）中的现状街道布局

《老城控详》中的现状居住用地

主街地图

街道的连接性

街道的深度

A 02　转龙巷街区组团（1 km×1 km）

现状街道密度：267 m/hm²

街区平均面积：0.88 hm²

街道平均长度：81.13 m

现状航拍图

截取自1962年《南京市市区图》

截取自1908年《测绘金陵城内地名坐向清查荒基全图》

公众可通行街巷的布局形态
（基于2011年的田野调查）

《老城控详》（2006深化版）中的现状街道布局

《老城控详》中的现状居住用地

主街地图

街道的连接性

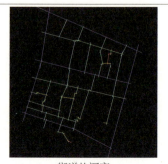
街道的深度

附录 典型街区组团基本信息

A 03 绒庄新村街区组团（1 km × 1 km）

现状街道密度：290 m/hm²

街区平均面积：0.96 hm²

街道平均长度：84.42 m

现状航拍图

截取自1962年《南京市市区图》

截取自1908年《测绘金陵城内地名坐向清查荒基全图》

公众可通行街巷的布局形态（基于2011年的田野调查）

《老城控详》（2006深化版）中的现状街道布局

《老城控详》中的现状居住用地

主街地图

街道的连接性

街道的深度

B 01　颐和路街区组团（1 km×1 km）

现状街道密度：181 m/hm²

街区平均面积：2.37 hm²

街道平均长度：123.99 m

现状航拍图

截取自1962年《南京市市区图》

截取自1943年《南京市市街图》

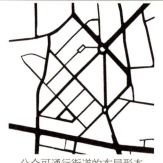

公众可通行街道的布局形态
（基于2011年的田野调查）

规划道路等级

现状居住用地

主街地图

附录 典型街区组团基本信息 223

B 02 仙霞路街区组团（1 km × 1 km）

现状街道密度：194 m/hm²

街区平均面积：2.14 hm²

街道平均长度：111.99 m

 现状航拍图	 截取自 1962 年《南京市市区图》	 截取自 1943 年《南京市市街图》
 公众可通行街道的布局形态（基于 2011 年的田野调查）	 规划道路等级	 现状居住用地
 主街地图		

C 01　一枝园—网巾市街区组团（1 km×1 km）

现状街道密度：160 m/hm²

街区平均面积：2.80 hm²

街道平均长度：157.48 m

现状航拍图

截取自 1976 年南京航拍图

截取自 1927 年地图 *NANKING*

公众可通行街道的布局形态
（基于 2011 年的田野调查）

规划道路等级

现状居住用地

主街地图

街道的连接性

街道的深度

附录 典型街区组团基本信息　　　　225

C 02　三条巷—五老村街区组团（1 km×1 km）

现状街道密度：154 m/hm²

街区平均面积：2.59 hm²

街道平均长度：120.52 m

现状航拍图

截取自1976年南京航拍图

截取自1927年地图 NANKING

公众可通行街巷的布局形态
（基于2011年的田野调查）

规划道路等级

现状居住用地

主街地图

街道的连接性

街道的深度

C 03　申家巷—马府街街区组团（1 km×1 km）

现状街道密度：139 m/hm²

街区平均面积：2.92 hm²

街道平均长度：145.27 m

现状航拍图

截取自1976年南京航拍图

截取自1927年地图 NANKING

公众可通行街巷的布局形态
（基于2011年的田野调查）

规划道路等级

现状居住用地

主街地图

街道的连接性

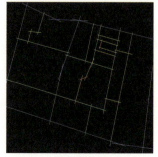

街道的深度

附录　典型街区组团基本信息

D 01　南湖街区组团（1 km × 1 km）

现状街道密度：116 m/hm^2

街区平均面积：4.48 hm^2

街道平均长度：188.67 m

现状航拍图

1985 年南湖居住区一期
规划总平面图

截取自 1962 年《南京市市区图》

公众可通行街道的布局形态
（基于 2011 年的田野调查）

规划道路等级

现状用地性质

主街地图

D 02 富贵山—北安门街区组团（1 km×1 km）

现状街道密度：110 m/hm²

街区平均面积：3.77 hm²

街道平均长度：138.23 m

现状航拍图

1979年小区规划总平面

截取自1962年《南京市市区图》

公众可通行街道的布局形态
（基于2011年的田野调查）

规划道路等级

现状用地性质

主街地图

附录 典型街区组团基本信息 229

D 03 龙江小区街区组团（1 km × 1 km）

现状街道密度：123 m/hm^2

街区平均面积：3.93 hm^2

街道平均长度：160.84 m

现状航拍图

1991 年龙江居住区规划总平面图

截取自 20 世纪 80 年代南京市城区图

公众可通行街道的布局形态

规划道路等级

现状居住用地

主街地图

街道界面性质（红色表示小商业界面，绿色表示栏杆或院墙）

E 01 南昌路街区组团（1 km × 1 km）

现状街道密度：96 m/hm²

街区平均面积：6.52 hm²

街道平均长度：215.91 m

现状航拍图

截取自1992年
《南京市区街道图》

截取自1962年《南京市市区图》

公众可通行街道的布局形态
（基于2011年的田野调查）

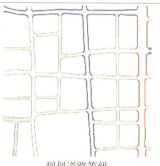

规划道路等级

现状居住用地

主街地图

附录　典型街区组团基本信息　　　　　　　　　　　　　　　　231

E 02　八宝前街街区组团（1 km×1 km）

现状街道密度：97 m/hm^2

街区平均面积：7.57 hm^2

街道平均长度：209.45 m

现状航拍图

截取自 1992 年
《南京市区街道图》

截取自 1962 年《南京市市区图》

公众可通行街道的布局形态
（基于 2011 年的田野调查）

规划道路等级

现状居住用地

主街地图

E 03　大阳沟街区组团（1 km × 1 km）

现状街道密度：96 m/hm²

街区平均面积：9.05 hm²

街道平均长度：236.22 m

现状航拍图

截取自 20 世纪 80 年代
《南京市城区图》

截取自 1962 年《南京市市区图》

公众可通行街道的布局形态
（基于 2011 年的田野调查）

规划道路等级

现状居住用地

主街地图

附录　典型街区组团基本信息　　　　　　　　　　　　　　　　　　　　233

F 01　银城街街区组团（中保新区）（1 km × 1 km）

现状街道密度：83 m/hm^2

街区平均面积：9.12 hm^2

街道平均长度：307.55 m

现状航拍图

2005 年航拍图

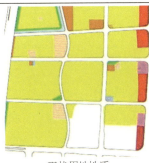
现状用地性质

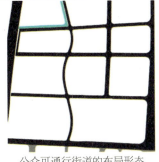
公众可通行街道的布局形态
（基于 2011 年的田野调查）

规划道路等级

门禁小区内部主要道路

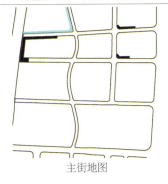
主街地图

街道界面形式（红色表示商业界面，
绿色表示院墙或栏杆门禁）

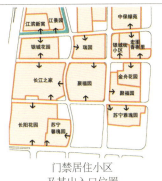
门禁居住小区
及其出入口位置

F 02　华山路街区组团（兴隆新区）（1 km×1 km）

现状街道密度：78 m/hm²

街区平均面积：11.34 hm²

街道平均长度：322.35 m

现状航拍图

2005 年航拍图

现状用地性质

公众可通行街道的布局形态
（基于 2011 年的田野调查）

规划道路等级

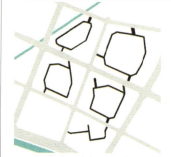

门禁小区内部主要道路

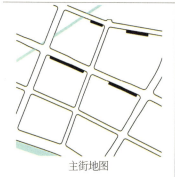

主街地图

街道界面形式（红色表示商业界面，
绿色表示院墙或栏杆门禁）

门禁居住小区
及其出入口位置

附录 典型街区组团基本信息　　　　　　　　　　　　　　　　235

F 03　新安江街街区组团（奥体中心以南居住片区）（1 km×1 km）

现状街道密度：86 m/hm²

街区平均面积：8.78 hm²

街道平均长度：290.74 m

现状航拍图

2005 年航拍图

现状用地性质

公众可通行街道的布局形态
（基于 2011 年的田野调查）

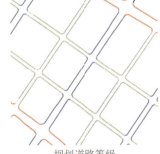
规划道路等级

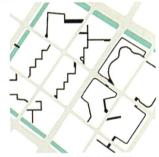
门禁小区内部主要道路

主街地图

街道界面形式（红色表示商业界面，
绿色表示院墙或栏杆门禁）

门禁居住小区
及其出入口位置

致谢

本书是在我的博士学位论文《生活性街道的形态及其生成机制研究——以南京为例》的基础上修改完善而成的。对城市街道形态及其设计方法的研究一直贯穿我的硕士、博士学习生活,乃至毕业后的工作实践,回头想想已近18年。起初是较为宽泛的城市形态学认知,随后逐步聚焦视野,明确研究与突破的方向。其中虽然伴随着迷茫与徘徊,但更令我印象深刻的是解惑时的兴奋与对该领域研究的热情。2013年博士毕业后在东南大学建筑设计研究院UAL工作室的工作实践,是将理论运用于实际项目再反馈研究的过程。我觉得自己非常幸运能够拥有这份产学研互动推进的经历,并将其融汇成这本书。

本书能够得以完成,首先要感谢恩师韩冬青教授。先生睿智博学、见解犀利、思维敏捷、治学严谨。无论是在学生阶段还是在工作期间,先生给予我的指导都让我终身受用。特别是先生对学科及事业的专注与奉献,是我终身学习的榜样。

感谢在新加坡国立大学设计与环境学院联合培养期间的导师王才强教授(Professor Heng Chye Kiang)。教授儒雅博学,治学严谨,大大扩展了我的视野,教授严谨求实的研究与工作方法更让我受益终生。

感谢王建国教授、丁沃沃教授、阳建强教授与董卫教授在博士论文开题时给予的鼓励,这些意见帮助我明确了思路。感谢丁沃沃教授、冷嘉伟教授、郑炘教授、单踊教授与吉国华教授在博士论文答辩时的指导与建议。

感谢 UAL 工作室的诸位老师与同仁们。严谨、活力、前沿的氛围，以及产学研一体的工作方式提供了肥沃的学术土壤，让我在这里不断汲取养分，逐渐成长。特别感谢《南京市街道导则》与《南京市美丽街道建设指引及案例导引》研究团队的成员们，这两个课题的研究为本书注入了新鲜的力量。

感恩东南大学建筑设计研究院有限公司提供了这样一个培育创新的环境，激发探索与创新。

向所有参考书目内列出和未列出的作者致敬，他们启迪了本书的思考和写作。

方 榕
2023 年 8 月
于 UAL 工作室